JN335702

in Love and in Danger

恋するまえに

デートDVしない・されない
10代のためのガイドブック

梨の木舎

翻訳出版に寄せて　　　　　　アウェア代表　山口のり子

　「デートDV」がいったい何なのかを、アウェアはここ数年日本で紹介してきました。「デートDV」という言葉は、あっという間に日本の社会に広まりました。理由ははっきりしています。デートDVが現実にたくさんおきているからです。その現実と問題の深刻さを知った方たちの中から、デートDVを防止する教育の重要性に気づき、それに取り組む方たちが出てきました。

　しかしデートDVについての情報は、日本にはまだ足りません。それに比べて、20年以上防止教育に取り組んでいる国のひとつである米国には、たくさんの書物や情報があり人材もいます。2006年にアウェアは米国カリフォルニア州へのDV研修ツアーを実施しました。そのとき現地で、デートDVに関して長年の経験にもとづいた貴重なお話をしてくださったのがバリー・レビィさんでした。本書はバリーさんの代表作で、ベストセラーになっています。

　この本には、デートDVの被害にあった女の子や、その親たちなどの声がたくさん紹介されています。それらの声から、米国の若者たちが深刻な問題を抱えていることが伝わってきます。ドラッグの問題などは、米国特有の問題であって、日本とは違うと感じる方もいるかもしれません。しかし、そういう問題が日本ではおきていないかというと、そんなことはありません。この本で紹介されているデートDVの事例は、米国だけではなく、もしかしたらあなたのまわりでもおきているかもしれないのです。デートDV防止教育に長年取り組んできたバリーさんのこの本から、自分たちはいったい何をすべきか、何ができるかを考えるきっかけにしていただけたらと思います。

著者　バリー・レビィからの挨拶

　この本は、恋愛関係での虐待行動について知りたいと思っている10代の人たちのために書きました。あなたには今だれか好きな人がいて、交際していますか。その人から傷つけられていませんか。過去にそのような経験はありませんか。同じ年ごろの友人や身内で、たたかれている人はいませんか。言葉で傷つけられたり性的に虐待されたりしていませんか。それとも、あなた自身が好きな人から虐待されていませんか。

　これらに思い当たるふしがあったとしても、それはあなただけではありません。似たような問題で悩んでいる女の子や男の子はおおぜいいます。あなたは今とても孤独な気持ちになっているかもしれません。でも、あなたに手を差し伸べてくれる人たちはいます。

　この本を読むことで、自分に何がおきているかを理解してください。ほんとうにデートＤＶかどうか、どうしたらいいか、判断できるようになってください。

　この本は10代の人たちが、友人、親、家族、先生、カウンセラーなど、他の人たちといっしょに読めるように書かれています。

　第１章は、３人の女の子と、娘がデートＤＶの被害にあった１人の母親の体験談です。そのあとに続く章では、さまざまな点からデートＤＶについてお話しします。内容の要約と、自分の考えや感想を書くワークシートを終りにつけた章もあります。

　デートＤＶは、思春期におこる問題の中でもとくに難しい問題です。この本を読んで、デートＤＶに立ち向かう力と勇気を感じてもらえたらうれしく思います。

目　次……………………………………………………………………………

翻訳出版に寄せて　アウェア代表　山口のり子…………2

著者　バリー・レビィからの挨拶……………………3

1. 体験を語り始めた人たち………………7
2. デートＤＶはたくさんおきている………………37
3. デートＤＶって何だろう………………41
4. 自分がデートＤＶをされているかどうか、どうしたらわかるの?………………53
5. デートＤＶのパターン：愛、暴力、恐れ………………59
6. 男の子がガールフレンドにデートＤＶをする理由………………67
7. ロマンチックな愛、お互いを育む愛、依存的な愛………………75
8. デートＤＶが残す傷………………83

9. デートＤＶの傷を癒す……………………89

10. 別れる？　別れない?……………………91

11. あなたがデートＤＶをされている場合はどうしたらいい?……………………101

12. あなたがデートＤＶをしている場合はどうしたらいい?……………………117

13. 友人がデートＤＶされている場合はどうしたらいい?……………………125

14. あなたにもお互いに尊重し合う交際ができる……………………129

15. 保護者へのアドバイス……………………135

16. セイフティプランを立てる……………………141

おわりに　著者　バリー・レビィから………149

　　　　　訳者　山口のり子から……………151

1

体験を語り始めた人たち
Speaking Out

クラリス
「不良っぽい男の子に魅かれてしまうんです」

　私は16歳です。ジョンは18歳です。7カ月間つき合いました。私が住んでいる家の近くの駐車場で出会いました。みんながタバコを吸いに来るところです。それまで学校で見かけたことはありませんでした。ある日学校で彼に出会ったんです。ジョンは面白い人でした。「遊びに行こう」と私を誘いました。ある真夜中、私の携帯に電話をかけてきました。夜家を抜け出して彼と遊ぶのは楽しかったです。

　パーティが大好きだったジョンは、私の過去について聞きたがりました。1年前にレイプされたことがあると話すと、私を守ろうとしてくれました。かっこいいなと思いました。

　ジョンは「もっといっしょに遊ぼう！　家から抜け出してこいよ！」と言って、いつも強引に誘いました。家を抜け出すことにはスリルを感じました。私は不良っぽくなろうとしていたんです。傷を負っているような、不良っぽい男の子に魅かれてしまいます。助けてあげられるからです。彼らには母親的な存在が必要だと思ったんです。友人たちは、私のことをお母さんみたいだと言います。母親代わりをしてあげられると私はうれしくなります。でもそうすると、自分の道とはちがう方向へずれることになってしまうし、自分が彼らのように不良っぽくなってしまいます。私はジョンのことをいつも助けようとしていました。そしてジョンは、私のことを完全に必要としていました。ジョンは他の女の子ともつき合っていました。でもその女の子はコカイン中毒で浮気をしたので別れるつもりだ、とジョンは私に言いました。そしてその子から逃げるのに協力してくれと言われました。ジョンはやさしい言い方をしました。私はジョンを2カ月間、弟

のように可愛がってあげましたが、その子との別れ話はほんとうではなかったと知りました。ジョンはその子と関係を続けていたんです。

　ジョンはほんとうに大変な子ども時代を過ごしました。それを理由にしょっちゅう、私に罪悪感をもたせようとしました。彼は６歳で孤児になりました。彼を引き取ってくれる人が親戚中にだれもいなかったんです。彼の母親はアルコール中毒で亡くなっています。
　私は両親の言うことを聞くように育てられました。成績はオールＡなので、両親は私を誇りに思っています。困難な状況でも、私は必ずよい成績の通知表を家に持って帰ります。試験勉強になかなか取り組まないときもありますが、それでもよい成績を取れます。私は水泳チームの１員です。学校ではリーダーの立場です。私の両親は、最初はジョンとつき合っているのを知りませんでした。私はジョンと会うことを禁止されました。１カ月間つき合っただけで、そのあとはもう交際していないと両親は思っていました。父はジョンと会ったことが１度あります。そのとき父は、「彼は大切な人でもだれでもかまわずひどい扱いをして、嘘をついたり操ったりすると思うよ」と私に言いました。つまり問題をおこすタイプだ、とも言ったのです。父が予測したことは、すべて現実となりました！
　私は２つのまったく異なる生活を送っていたので、両親はすべてうまくいっているのだろうと思っていました。でもしばらくすると、私は疲れて顔色が悪くなり、前とはちがって元気がなくなりました。両親は、私がどこか変ったことに気づきました。ドラッグを使っているのかよく私に尋ねました。私は、「ほんとうのことを知ってほしい。話すべきだ」と自分に言い聞かせていました。でも「カンカンに怒らせてしまうにちがいない」とも思いました。「ひどいことにはならないですむだろう」とたかをくくっていました。
　ジョンは私に罪悪感をもたせようとしました。たとえば私が家を抜け出

す気分になれないでいると、「今夜、僕を１人ぼっちにさせるつもりなんだな」と言ったりしました。それで家を抜け出していくと、気がとがめている私に向かって、「抜け出して来い、なんて言ってないぞ！」と言ったりしました。

　彼は何でも私のせいにしました。何かうまくいかないことがあると、必ず私のせいでした。私はそれまでにも男の子とつき合っていて、男友だちが何人かいます。人見知りするタイプでもありません。ジョンは、女友だち以外は会ってはいけないし、いつも自分といっしょでないとだめだと言いました。つまり、友だちかジョンのどちらかを選ばされたんです。親しい人ほど会わせてもらえませんでした。それでも私は友だちと会っていました。そのたびに怒鳴られて、「他の女の子とデートするぞ」と脅されました。そして脅し通りに、彼は他の女の子とデートしました。

ボーイフレンドを得るためには仕方ないことだとずっと思っていました

　ジョンが他の女の子とデートしないようにするには、いつもジョンといっしょにいるしかありませんでした。ジョンは私の友人たちに、私のそばに来たら殺す、と言いました。「もし俺とつき合うなら、他の男に近づくな」というのが彼のルールだったんです。私は自由奔放な性格です。ジョンを嫉妬させようとしたこともありました。でもジョンは私を独り占めしたかったんです。「俺だけを見ていてほしい」とよく言っていました。私を嫉妬させようとして、いままでにつき合った女の子たちのことや彼女たちとのセックスのことを私に話しました。でも私を怒らせただけでした。

　ジョンは独占欲と嫉妬心がとても強い人でした。私を殴ったことは１度もありませんが、あるとき私を引きとめようとして、きつく腕をつかまれて痛い思いをしたことがあります。「暴力は許さない」と私は言いました。それくらいしか言えませんでした。実際に暴力をふるわれたことはなかったけれど、怒鳴られるのはしょっちゅうでした。

ジョンは「俺よりも親のほうが大事なんだな！」と言ったりしました。そう言われると、私は「そうよ！」と答えていました。するとジョンは興奮して怒鳴り始めました。日中電話をかけてくるようになりました。そして夜もかけてくるようになり、しまいには夜中ずっと電話で話したがるようになりました。私の両親の車のタイヤをナイフで切りつけて、台無しにしてしまったことがありました。

　私はジョンとドラッグを使っていました。私はボーイフレンドがほしかったらドラッグを使わなければならないし、それが普通だと思っていました。それが愛というものなんだろうと思っていたんです。男友だちの1人にそう言ったら、「俺たちはそんなことしない！」と言われました。

　楽しいこともありました。夜外出するのは大好きでした。ジョンはよく、私を海岸に連れて行ってくれました。埠頭へ行ってはしゃいだりして楽しかったです。2回目に海岸へ連れて行ってくれたとき、初体験をしました。ジョンはいつもセックスの話をしていました。初めは、私がセックスしたいと言い出すのを待っていました。でもジョンとつき合い始めたころには、私はもうセックスをしてみたいと思っていました。彼はいつもセックスをしたがりました。私のことを可愛いと思ってくれていると感じてうれしかったんです。可愛いがってもらうのが好きでした。殴られることはなかったので、何も問題はないと思っていました。でもいつも、何か少しおかしいとは感じていたんです。たとえばいっしょに遊んで楽しかったけれど、1週間ずっとジョン以外のだれとも会わないのは、ちょっと変だなと思いました。

　ジョンはもう1人の女の子とまだつき合っていました。私はジョンに「二股をかけるのは許さない」と言って、どちらかを選ぶよう言いました。2週間後、ジョンは私を選びました。でもしばらくして、ジョンが1日中セックスしていることに気がつきました。朝8時にもう1人の女の子とセックスして、そのあと私として、そして夕方その女の子が仕事を終えると

セックスして、夜は私とセックスしていました。毎日私とその女の子の両方といっしょだったんです。私には勘でぜったいまちがいないとわかっていても、ジョンは否定しました。「午後1時と午後6時に電話してもつながらないのはどうして？」とたずねたことがありました。たとえばジョンの家でセックスをしたあと、午後12時半になるとジョンは飛びおきて、「喉が渇いた！　スターバックスに行ってくるけど、お前はベッドで休んでいてかまわないよ」と言うことがよくありました。そんなとき私はたいていマリファナで酔っていました。でもジョンがもう1人の女の子のところへ出かけていったのだと、心の中でわかっていました。しばらくするとジョンは帰ってきました。もし私が何か言うとジョンは、「女の子とデートして来たと思ってる？　俺を信用していないなんて信じられない！　俺のことなんとも思ってないのか？」と言って泣き出すのでした。そう言われてしまうと私は申し訳なく思ってよく謝りました。こんなことが3カ月ずっと続きました。ジョンの友人たちによれば、ジョンは私ともう1人の女の子のことを「俺のビッチ（メス犬）たち」と呼んでいたそうです。

彼は私を車のほうに突き飛ばしました。私は「やめて！」と叫びました

　私は我慢ができなくなり、ついにその女の子に電話をかけ、ほんとうのことを知りました。私がジョンにもう会いたくないと伝えると、ジョンは怒鳴りました。「もうそんなまねをするのはやめて」と私は言い返しました。すると、ジョンは私を自分の車に向かって突き飛ばしました。「やめて！」と私は叫びました。ジョンが隙を見せたとき、私は逃げました。するとジョンは追って来て、「自殺してやる！　愛している！」と泣き叫んで電話ボックスに体当たりしました。彼は頭がおかしくなってしまったと私は思いました。私が彼を抱きしめてあげると、反対に彼の腕にがっちりとつかまれてしまいました。「放して」と私は言いました。ジョンは道にひざまずきました。私はどうしたらいいかわかりませんでした。

ジョンは自殺するとよく言いました。私は本気で言っていると思いました。ジョンの腕には切り傷が何本かあります。今となってみれば、私を思いのままにするために自殺すると言ったのだとわかります。あるとき、ほんとうに自殺したらどうしようと心配になって、真夜中にタクシーでジョンの家に駆けつけたことがあります。着いたとき、彼は酔っ払ってベランダで気を失っていました。気がつくと、「ほんとうに来たのか、このバカ女！」と得意げに笑いました。

　私はジョンとの関係を終わらせることに決めました。でもその翌日、何ごともなかったかのようにジョンが電話をかけてきました。私は「もう会いたくない」とはっきり言いました。するとジョンは「俺をまだ愛してるって自分でわかってるくせに」と言いました。「俺が浮気したのはお前のせいだ。俺を信頼して愛してくれなかったから、だれか他の女の子に満たしてもらうしかなかったんだ」と言って、私に大きな罪悪感をもたせようとしました。

　私はジョンと別れました。ジョンはそのあと何度も電話してきました。でも私の心は変わりませんでした。今ジョンは新しい女の子とつき合っています。1年生で可愛い顔をしていて自信満々な態度の子です。私はどうしたらいいかわかりません。その女の子と話せたらいいなと思うけど、私の話を信じないだろうし、頭がおかしいと思うでしょう。可哀相そうだと思われたくないし、被害者扱いされたくないんです。私は被害者ではありません。ただ彼に操られることを、自分に許してしまっていたんです。それに楽しいことや刺激的なこともたくさんありました。だれかがアドバイスしてくれたらよかったのに。交際するってそういうことではない、とだれかが教えてくれたら言うことを聞いていたのに。でも振り返ってみると、ふつう人はそんな行動はとらないと何人もの人たちが私に言ってくれていたのに、私のほうが耳を貸さなかったんです。それは怖いことだと思います。

ジュリー
「問題があるのはもしかしたら私かもしれないと思いました」

　私は17歳になったばかりで、トロイは22歳でした。私は影響されやすい年ごろでした。トロイのことを、いろいろなことをたくさん知ってる人だと感心していました。彼からバカにされると、私は真剣に受けとりました。トロイと知り合ったのは高校2年生のときです。そのとき私は、高校1年生のときの恋愛の傷を引きずっていました。6カ月間トロイと交際した経験が私の人生に残した影響は、これからもずっと尾を引くでしょう。

　家族は別の土地へ引っ越したのですが、私は同じ高校を卒業したかったので、数人の友だちと共同生活を始めました。そのうちの1人がトロイでした。友人としていろいろ手伝ってくれました。はじめは何も問題ありませんでした。

　はじめは友だちでした。でも恋愛関係になるといろいろと変わりました。私の家族はモルモン教徒で、私は外の世界から守られて信仰深く育ちました。トロイは初めてのボーイフレンドで、共同生活をしていたので関係はあっという間に深まりました。つき合い出してはじめの3週間は、私たちは情熱的で幸せでした。友人たちの目には、トロイはカッコよくてやさしい素敵なボーイフレンドに映っていました。初めてデートＤＶされたとき、私はとても傷つきました。そんな経験はこれまでにしたことがありませんでした。はじめはひっきりなしに言葉の暴力が続きました。「お前は太りすぎだから、その服を着て学校へ行くな」とか、「ブスなお前が俺とつき合えてラッキーだ」などと言いました。家族が引っ越していたし、他に行ける場所もなく、私は言葉の暴力をただ我慢していました。トロイを怒らせないようにいろいろとしてあげて、自分を犠牲にしていました。私に何

がおきているか知っている人は、家族にだれもいませんでした。私の友人たちのほとんどは、私がトロイといっしょに住んでいるのを知っていました。あとでからだへの暴力をふるわれるまでは、デートＤＶがおきていることをだれも信じませんでした。私はチアリーダーのクラブに入っていました。普段はみんないっしょにロッカールームで着替えるのですが、私はあざを服や化粧で隠していました。友人たちは私が変わっていくのに気づきました。親友の１人は、まるで別人みたいだと言いました。デートＤＶがもっとひどくなるまでは、デートＤＶがおきているのを友人たちが実際に目で確かめることはありませんでした。

友人たちはあとで虐待がもっとひどくなるまで気づきませんでした
　私は、「もしかしたら問題があるのは私かもしれない。私はほんとうに太りすぎていてブスなのかもしれない。私は変わらないといけないんだ」と思っていました。そして心やからだに対して自虐的になりました。トロイが私の食生活を批判するので、運動をたくさんして、食事をだんだん減らすようになりました。ダイエットの薬や利尿剤を飲み始め、液体だけを飲むダイエットを始めました。拒食症と過食症になってしまい、現在でもこれらの症状が出ることがあります。でもそのころよりは健康になりました。逆戻りしてしまったときは意識して治せます。トロイに批判された影響から逃れられないのがいやです。
　体重が減り始めて、私は彼が喜んでくれると思いました。それなのにトロイは、「からだを見せびらかさないように、トレーナーを着て学校へ行け」と私に言いつけました。私は彼を喜ばせようとがんばりました。たとえば、晩ご飯を作ってあげると、トロイが喜んでくれることがありました。でもいやなことがあった日などは、部屋が思い通りにきれいになっていないという理由で、私にお皿を投げつけたりしました。デートＤＶはさらにひどくなり、私はもっと気分が落ち込むようになりました。友人たちが言

う通り、私が私ではなくなってしまいました。学校もチアリーダーとしての活動も、それまでしていたボランティア活動にも興味を失ってしまいました。トロイのことで消耗してしまったんです。成績が落ちて元気をなくしてしまいました。

　パーティをしたある日、トロイの友人たちが遊びに来ました。トロイは、私にむかって「こっちに来い。ばかやろう！」と言って腕をわしづかみにして、思い通りの場所へ私のからだを引っ張りました。彼は身長が189cmで腕力があります。友人たちが笑ったので、私は啞然としてしまいました。乱暴に扱われたことはそれまでありませんでした。次の日、チアリーダーの練習の際、隠そうとしても隠せないあざができたので、1人離れて服を着替えて、あざについては言い訳をしました。それで多くの友人たちが私の行動がいつもとちがうことに気づきました。でも友人のほとんどは、これといった理由が思いつかず不思議がっていました。

　私は車を買うお金がなかったので、学校とアルバイトへの行き帰りはトロイに頼っていました。バスに乗るはめになることがよくありましたが、そんなときトロイは、「迎えに行くのが遅くなっただけだ」と言って、バスに乗ったことを怒りました。トロイは私に何かしてほしいときには、やさしい態度を見せました。トロイと彼の同級生たちといっしょに住んでいたので、私はドラッグにも手を染めていきました。

　初めてセックスをしたときは最悪でした。激しく乱暴にするのがトロイは好きでした。やめてくれるように頼むと、どういうわけかきまってもっと興奮しました。私はただ目を閉じて、自分は今どこか別な場所にいるのだと想像しながら、心の中で泣いていました。セックスするのはいやでした。トロイに殴られたくなくてセックスしました。トロイは物を使うこともときどきありました。彼のペニスだと思っていると、彼が私の中にいないのに気がつきました。ミニチュアの野球のバットやきゅうりを使いました。避妊用具は1度も使いませんでした。コンドームをつけるのをいやが

りました。

　妊娠しているのを知ったのは第5週目に入ってからでした。トロイに話すと、「何とかするから心配するな」と冷静に言いました。私はトロイが怒らなかったのでほっとしました。その晩彼は野球のバットを持ち出してきて、私のお腹を力いっぱい突きました。そのあと風呂場の床で流産しました。血が水たまりのようになっているのを見て私は気絶しました。意識が戻ったとき私は、自分が吐いた物と血にまみれていて、激痛を感じ、からだは震えていました。トロイは床を掃除しながら、「何とかするって言っただろ」と言いました。私はショックで信じられませんでした。トロイは私のからだをきれいにすると病院へ連れて行きました。その途中私は車の中で気絶しました。もう妊娠できない可能性が75％あります。そのあとしばらくの間、恐怖にかられて夜中に目を覚ますことがありました。流産のことと産まれてこなかった赤ちゃんのことを何回も夢に見て、今でも忘れられません。流産した2週間後、私は兄のガールフレンドにすべてを話しました。すると彼女は、何か行動をおこすべきだと兄に言いました。最初兄はいやがりました。でも私が住んでいた家へやって来て、「ここを出るから荷造りしろ」と言いました。私はスーツケース1個に入れるだけ入れて、残りの物は置いて行きました。物を失ってもかまいませんでした。とにかく出ることができたんですから。兄にあざをみせました。でもトロイといっしょに住んでいたことを母や家族には言わないでと頼んだので、兄は内緒にしてくれました。

　ある日、兄は友人たちを連れてトロイの家に押しかけました。その友人たちは家を占領して、兄がトロイをたたきのめす手助けをすることになっていました。しかしあとになっていとこが、友人たちがとめなかったら兄はトロイを殺していただろう、と言っていました。兄はとても怒っていました。強かん罪で警察に通報すると言ってトロイを脅しました。トロイは、私のからだに残っているあざが、強かん罪の訴えを証明してしまうと知っ

ていました。トロイは州外へ引っ越し、それ以来音信はありません。彼に電話したいと思ったり、関係を修復したいと思ったりしたことは１度もありません。

　大学へ進学しないかもしれないと思ったのはこのときがはじめてです。私は勉強するのが大好きだったし、学校が大好きでした。このことがあった年、優秀な成績だったのが落ちてしまいました。でも学校で友人や先生や素晴らしいカウンセラーから心強いサポートを受けました。授業を受け直して、まわりの人たちに助けてもらいながら自分を取り戻し、自分の世界を築き直すことができました。今年の６月に大学を卒業する予定です。今は何でも乗り越えられるような気がしています。トロイのことを心から愛していたわけではありません。トロイが私を心から愛していたとも思いません。そのあと２人の男性とつき合いました。トロイと別れてから３年間セックスしませんでした。トロイから受けたようなコントロールをだれからもされたくなくて、自分で自分を檻の中に閉じ込めていました。３年経ったとき、こういうふうに考えることが、トロイによって私の人生がまだコントロールされているのだということに気づきました。ある男友だちとセックスして、ついにトロイから解放されました。それ以来セックスはだいじょうぶです。現在つき合っているボーイフレンドは、親友のように理解して支えてくれます。つき合い始めてからしばらくして、ようやく彼にトロイとの間に何がおきたか少し話したら、彼は涙を流しました。トロイとつき合った自分がばかだったのではないと今は理解できます。そして困難は人を強くするためにやってくるんだ、と心から信じています。もうだいじょうぶです。私にも素敵な恋愛ができます。たぶんもう妊娠できないからだなので、私は壊れ物としばらくの間信じていました。私を好きになってくれる人がいると信じようとしないで、性格のよい男の子まで遠ざけていました。

みんながあなたを大切にしてくれます。でもまず自分を大切にしなければ助けを求めることはできません

　私のカウンセラーは、デートＤＶの被害にあったことで人生に尻込みしないよう、自信がつくような方法をいっしょに考えてくれました。思春期の女の子たちには、グループ・カウンセリングがとてもいいです。トラウマの克服だけでなく、友人関係を大切にする上でも重要でした。これまでの人生の中で私は、いろいろなことをやり遂げてきました。デートＤＶの経験を乗り越えるのに何年もかかりました。でもこの経験のおかげで、私はこれまで以上に強くなれたし、１度決めたことをやり遂げる力をもてるようになったので、この困難に直面してほんとうによかったと今は思えます。けれど私１人の力でここまで来られたわけではありません。支えてくれたまわりの人たちにとても感謝しています。乗り越えられたのは、その人たちのやさしさと愛のおかげだからです。

　この体験談を読んでいる人の中には、私と似たような経験をしている人がもしかしたらいるかもしれません。そういう人たちにはぜひ希望をもってほしいんです。私のような人に手を差し伸べられるかもしれないという希望や、あなたもデートＤＶを乗り越えられるという希望をもってください。あなたが助けを必要としているなら、だれかに助けを求めてください。そうでない場合は、あなたがその助けになってあげてください。みんながあなたを大切にしてくれます。でもまず自分を大切にしなければなりません。そうしなければ、助けを求めるという行動にはつながりません。デートＤＶの加害者との交際期間は６カ月でしたが、その体験を乗り越えるのに５年もかかりました。だから簡単なことではないし、デートＤＶの被害にあった経験を乗り越えるには時間がかかることを私は知っています。でもこの試練を乗り越えようとするあなたには、輝くような力強さがきっとあるはずです。

アダリーズ
「彼は変わるだろうと思っていました」

　リチャードに出会ったのは12歳のときでした。友だちはたくさんいたけれど、ボーイフレンドはリチャードが初めてでした。リチャードはみんなにとても好かれていて、物静かでやさしそうな人でした。私は彼のことが大好きでした。今振り返ってみると、中学校のときの出来事で、初めてボーイフレンドができたうれしさのせいだったと気づきます。両親はまだ若すぎると言って交際に反対しました。それで私は、別れたと両親に言いました。でもほんとうはリチャードに会い続けていました。それで両親にいろいろと隠しごとをするようになりました。
　リチャードと私は、まるで大人の恋人同士のように振る舞い始めました。リチャードは私を独り占めしようとし始めました。私はダンスのチームに入りたかったけれど、そのチームの女の子はみんなだらしがないからだめだとリチャードは言いました。私はそう言われると罪悪感をもち、結局ダンスのチームに入りませんでした。これが、行動をコントロールされたり、罪悪感をもたされたり、何かにつけて私が悪いような気持ちにさせられたりする始まりでした。
　リチャードに初めて殴られたときのことを覚えています。学校までいっしょに歩いて行くのに、道の曲がり角で待ち合わせました。私は薄手のブラウスの下にスリップを着ていました。リチャードはスリップが透けて見えると言いました。私は、「お母さんが何も言わずにそのまま学校へ送り出してくれたのだからだいじょうぶ」と答えました。するとリチャードは「ふしだらだ」と怒って顔を殴ったので、私は道に倒れてしまいました。家に戻っても母に何と説明したらよいかわからなかったので戻れませんで

した。それで泣きながらリチャードといっしょに学校へ行きました。そして学校に着くと、体操服に着替えて1日中過ごしました。リチャードのことが怖かったので、そのブラウスをそれ以来1度も着ませんでした。

もし私が彼のＤＶを断じて許さないという態度をとっていたら、彼はやめていたかしら？

　その日から、どんな服を着たらよいか、だれとなら話してもよいか、彼から命令されっぱなしでした。もし私がまちがったことをして彼を嫉妬させてしまったら、彼の言う通りにまちがいを正しました。怒らせたくなかったからです。今となって思います。「もし私が彼のＤＶを断じて許さないという態度をとっていたら、彼はやめたかしら？」と。もしかしたらやめたかもしれません。でも私みたいな女の子はまわりにおおぜいいて、私がしたのと同じように相手の希望通りにしています。怖いけれどボーイフレンドを失いたくないんです。

　私とリチャードの場合は、彼の嫉妬がいつも原因でした。私は二股をかけてなんていませんでした。でもリチャードはいつも、私がだれかのこと見ているとか、服がぴったりしすぎてからだの線が出ているとか、歩き方がセクシーすぎるなどと考えていたようです。たった13歳で、いったいどうしてそんな不満を思いつけたのでしょうか。

　一番傷ついたのは意地悪な言葉です。リチャードは汚い言葉を使って私を呼びました。私はそんな言葉に慣れていませんでした。私の両親はそんな言葉を使うのを許しませんでした。私はよく泣きました。歩くときは下を向いていました。必ず試験にパスするようにはしていましたが、よく学校をさぼっていたので授業についていけませんでした。みじめな気持ちでした。私はリチャードに、「言葉の暴力にとても傷ついている」と言いました。でも私が別れようとすると彼は泣いて、「ごめん。捨てないで。やめるから」と言いました。別れたくなかったので私はリチャードの言葉を

信じました。変わってくれることを望んでいたんです。

　私が8年生になったとき、私より1つ年上のリチャードは別の高校へ行きました。でもリチャードは学校の行き帰りに私について来たので、私はよく学校をさぼりました。私が何も変なことをしていないのを確認しないと気がすまなかったんだ、と思います。私がだれかと話していたと友人から聞くと、リチャードが怒って大げんかになりました。汚い言葉で私のことを呼ぶので私は泣きました。私のお腹や頭を、平手打ちしたり押したり殴ったりしました。彼は抜け目がなくて、見えるところにあざが残らないような殴り方をしました。

　リチャードは、彼の両親の間におきている問題について、私に話したことがあります。リチャードはよくお父さんに飛びかかって、お母さんを殴るのをやめさせたそうです。お父さんがお母さんを殴るみたいに、私を殴ることはぜったいしないと言っていました。それでも私を殴り、殴るつもりはなかったとあとで言いました。でも「もしお前があんなことをしなかったら殴らなかった」と言って、私のせいにしました。私が彼を怒らせたり刺激したりして、暴力をふるわせるべきではないと考えていたのでしょう。

両親が、彼から私を引き離そうとすればするほど、私は彼といっしょにいたくなりました

　しばらくすると、私がリチャードと会っていることが私の両親にばれてしまいました。私の友人たちがそれぞれのお母さんに話して、そのお母さんたちが私の母に話したのです。私の姉も母に話していました。母は私に問いただそうとしましたが、私は「ちがう」といつも答えました。私は父と仲良しでした。それで父はリチャードのことについて私と話そうとしました。両親が私を学校へ送るようになりました。私がリチャードと会わないように、両親はできる限りのことをしました。両親がリチャードから私

を引き離そうとすればするほど、私はリチャードといっしょにいたくなりました。振り返って、「どうして交際を続けたんだろう？」と不思議でなりません。

　私は９年生になってリチャードと同じ学校へ行くようになりました。両親はちがう学校をあちこち捜しましたが、転校生を受け入れている学校が地域にありませんでした。私はリチャードと同じ学校に行きたかったのでうれしく思いました。私たちの関係は続き、暴力はひどくなりました。セックスをするようになってからはますますひどくなりました。リチャードは私の服装や行動をすべて批判しました。私をコントロールする力を通して、自分に自信を感じていたのでしょう。私はいつもセックスを無理じいされました。ある日リチャードは、学校にもう登校していたのに、さぼってセックスをしたがりました。リチャードの両親が外出していて家にいなかったので、私を家に連れて行きたがりました。私はいやだ、行きたくない、と言いました。するとリチャードは、髪の毛を引っ張って私を殴りました。私たちはそのとき校庭の近くにいて、先生と生徒たちが庭作業をしていました。先生がスクールポリス（学校専門の警察官）に連絡をとると、リチャードは手錠をかけられて逮捕されました。私は学校に残りたかったけれど同行させられて、両親に連絡がいきました。父が学校へ来て、提訴すると言いました。そして父の職場近くにある学校に転校させてくれるように校長先生を説得しました。その学校は状況を考慮して、勉強をきちんとするという条件で転校を許可してくれました。

　デートＤＶがおきていたことを両親が知ってしまい、父は私の学校の送り迎えを毎日するようになりました。私はどこにも行かせてもらえなかったし、電話もさせてもらえませんでした。電話が鳴ると両親がとって、リチャードからの電話だと話をさせてもらえませんでした。私は「お父さんはなんて意地悪な人だろう」と思いました。振り返ってみれば、同じことの繰り返しになってほしくなかっただけだとわかります。私に傷ついてほ

しくなかったんです。

　私はリチャードといっしょにいたくて仕方がありませんでした。それで私は家出をして、リチャードの叔母さんと叔父さんの家で１カ月半彼といっしょにいました。でもリチャードの嫉妬と意地悪な口の利き方と暴力はひどくなりました。いっしょにいられれば幸せになれると思っていたのに、私はみじめでした。あるとき、私が叔父さんとセックスをしているとリチャードが私を責め立てたので、私はもう我慢ができず、両親の元に帰りました。

　リチャードといっしょに住むのはいやだったにもかかわらず、私はリチャードと会い続けました。私は14歳でしたが、両親の元に帰ったころ妊娠しているのに気づきました。両親から家を追い出されるかもしれないと思って６カ月間隠していました。両親はエホバの証人という宗教を信仰しています。中絶や養子縁組については１度も話したことがありません。赤ちゃんは私が育てることに決めました。それでも両親はリチャードに会わせてくれませんでした。

　妊娠中リチャードはさらにひどい殴り方をしました。いつも私のお腹か後頭部を狙いました。男の子のことを見ていたとか、どこかの男の子が私を見ていたというのをいつも理由にしていました。赤ちゃんが生まれる予定日の２週間前、私は姉と姉のボーイフレンドを訪ねました。するとリチャードが来ていて、すぐにセックスをしたがりました。リチャードは会うといつもすぐにセックスをしたがりました。他の人がいるし気分がすぐれないのでいやだと答えると、怒って私を押したので背中から倒れてしまいました。私はあまりの痛みに声を上げました。姉はとても怒りました。リチャードは「会えなくてつらかったんだ」と謝りました。

　翌日私はお産をしました。リチャードが面会に来ている間、お医者さんが私を診察しに来ました。リチャードは「お前のこと触ったのか？」と怒って声を荒げました。私は「お医者さんよ！」と言い返しました。

2度目に妊娠したときも、リチャードに殴られたせいで早産でした。下の娘を妊娠していたときに、私たちは結婚しました。私は16歳でした。私とリチャードは、私の両親と同居することになりました。私は同級生たちといっしょに卒業したかったので、学校に通い続けました。

　リチャードはコンピューターを勉強するために専門学校へ通い、夜は働きました。いっしょに時間を過ごすことはあまりなかったけれど、いっしょにいるときはよくけんかしました。私の両親と暮らすのはストレスでいっぱいでした。リチャードに殴られるのがうんざりで、何度も家を出ました。

　リチャードのお母さんといっしょのときは、私が彼を挑発して殴らせているのが悪い、とよく怒られました。リチャードのお母さんは、何でも私のせいにしました。そして私の両親のことがきらいでした。私の母によく「あなたの娘はもう処女でもないのに、どうしてまだ子どもみたいに世話をしてるの？」と言っていました。私のことをふしだらだと言っていましたが、私の母は何か言い返すほどバカではありませんでした。私の父は聖書を開いて、妻への接し方についてリチャードによく言い聞かせていました。ときどき私は、「お父さんがリチャードのことを殴って、私を殴るのをやめさせてくれたらいいのに」と思っていました。今は、父がそんな種類の男性でなくてよかったと思います。

　私は「結婚したら状況が改善するだろう。私を殴るのをやめるだろう」と思っていました。「神様、結婚しているのにどうして私を殴る必要があるんですか？　リチャードは私にいつでも会えるし、私の行動をすべて把握できるんだから信用してくれるはず」と思いました。でも状況は悪化しました。結婚して私を所有物だと考えるようになったのです。そのあとの4年間、暴力はひどくなり続けました。

　教会の礼拝で、私のまわりに男の人たちが座っていました。するとリチャードは私をつねって、「ふしだらだ！」と言いました。だれか男の人が

私を見ていたと思い込むたびに、私を殴りました。胸をつねったり殴ったり、股間を蹴ったり、つまり私の女性器を攻撃したのです。髪の毛をつかんで階段から引きずり降ろしたり、玄関のドアに私の手を思いっきりはさんだりしたこともあります。地面に殴り倒されたあと、つま先の部分に金属のキャップがついているブーツで蹴られたこともあります。

怒ってなぐる理由をけっして与えないようにとても注意していました

　殴られて警察を呼んだことが何回かありました。リチャードが私を殴る音が聞こえるので、両親には何がおきているのかはっきりとわかっていました。でも私は殴られたことを否定して、転んだと説明しました。私が殴られるのを見ると、娘たちは泣きました。だれかが遊びでじゃれあうのを見たり、姉が私をくすぐるのを見たりしただけでも泣くことがありました。

　私はできる限りのことをしました。リチャードがいやがる服は捨てました。浮気をしようなんて思ったこともありません。私はよい妻でした。頼まれなくても洗濯して、娘たちの世話をしてご飯を作りました。家の中のことは全部きちんとこなしていました。怒って殴る理由をけっして与えないようにとても注意していました。

　２年前息子が生まれて、状況は再び悪化しました。顔を殴られて鼻を骨折したとき、何かがプチンと私の中で切れました。もうどうでもよくなったんです。リチャードを愛することをやめようとは思いませんでした。でも何かを理解したんです。「同じことを繰り返すのはもうたくさんだ」と思いました。何があってもこの人は暴力をやめないだろうと気づいたんです。私はリチャードと別れました。

　別れたのは自分の暴力のせいだという事実を、リチャードは受け入れようとしません。別の男性といっしょにいたくて別れたんだと信じ込んでいます。よりを戻したいそうです。「変わったから。もう殴らないから」と何度も約束しました。でも私は信じません。今、他の男性とつき合うこと

を考えただけでも怖くなります。決心して別れるのに、たくさん勇気が要りました。別れてからも、なぜリチャードが私にあんなことをしたのか、なかなか理解できません。私は今21歳です。人生でしてみたいことがたくさんあります。前よりも強くなりました。そして私みたいな女の子たちが、リチャードのように暴力をふるうボーイフレンドと関係を続けてしまうことがないように、話をしてあげたいです。

テリー
「娘は囚われの身でした」

　私が娘のボビーの新しいボーイフレンド、ジョシュに初めて会ったのは、ボビーの16歳の誕生パーティでした。ジョシュは19歳で、ボビーの新しい友人仲間の女の子や男の子たちといっしょに来ました。ボビーの以前からの友人たちとはちがうタイプの人たちでした。ボビーは最初、新しい友人関係についてあまり話をしてくれませんでした。でもそれから数カ月の間、新しい友人たちの名前がよく会話に出るようになり、以前からの友人たちの話はあまり聞くことがなくなっていきました。

　ボビーは優等生でした。高校2年生のとき、ジャーナリズム賞を受賞したことがあります。アイススケートの才能があって、週2回有名な劇団の演劇塾へ通っていました。14歳になったころにはすでに美しい女の子に成長していました。学校へ行く前は毎朝お化粧をして、服装にもいつも注意を払っていました。外向的でほがらかな性格で、いつも冗談を言ったり笑ったりしていました。人にやさしくて、よろこんでもらうのが好きでした。みんなと仲良くて、心配になるようなことは何もありませんでした。でもジョシュに出あってから変わりました。

　はじめのうちジョシュは、私たちの家に来るときは、服装をきちんとして礼儀正しくしていました。私は赤ちゃんが生まれたばかりで、ジョシュは親切にしてくれました。そして「みんなでいっしょに何かしよう」と言いました。

　ジョシュはボビーとタイプがあまりにもちがうので、夫と私は2人が交際するのをだんだん不安に思うようになりました。例えばジョシュは学校にあまり興味がなく、ボビーほどやる気がありませんでした。「様子をみ

よう」と私たちは話し合いました。ボビーに圧力をかけたり指図したりしたら、それとは反対のことをするのではないかと心配だったからです。そのうちジョシュに飽きるだろうと考えていました。

しばらくするとジョシュがひどい格好で家に遊びに来るようになりました。裸足でシャツも着ずに、髪の毛は汚らしく、飲みかけの缶ビールを片手に遊びに来るようになりました。そしてボビーの部屋へ直行するとドアを閉めてしまうのです。

「ドアは開けたままにしなさい。ジョシュにそんな格好で遊びに来させてはいけない」と、ボビーによく言いました。ジョシュは私たちに対して無礼でした。ボビーはよく感情的になりました。家族のことについて何でも批判的な見方をするようになりました。そして行動が前とはまったく変わってしまいました。以前からの友人たちのことについて聞くと、あの子は忙しすぎるとか、あの子の新しいボーイフレンドがきらいだとか言って、必ず友人たちのせいにしました。以前からの友人たちが電話をかけてきたり遊びに来たりすることはもうありませんでした。

学校のカウンセラーから電話がかかってきて、ボビーが学校をさぼっていることを知りました。1週間も学校を休んでいて、私の署名をまねして学校に届けを出していたことを初めて知ったときは、とてもショックでした。ボビーに問いただすと、感情的になって泣きじゃくり否定しました。あとになって、学校へ行かずにジョシュと遊んでいたのだと私は気づきました。

ボビーの外見が変わり始めました。お化粧をしなくなり、汚い髪の毛のままでトレーナーを着て、破れたスニーカーを履いて出かけるようになりました。痩せ始めて、もともと小柄だったのが、1年の間に58kgから45kgに減ってしまいました。いつも風邪を引いたり喉を痛がったりしていました。

ボビーが赤ちゃんに嫉妬して、私の注意を引こうとしているんだろうと

思いました。これらの変化が、ジョシュがボビーに暴力をふるっていて、ドラッグを使っているサインだとは思いもしませんでした。ある日ジョシュのお母さんからの電話で、ジョシュがボビーを傷つけているとやっと気づきました。ジョシュのお母さんは「ボビーの居場所を知っていますか？」と聞きました。ジョシュが家を鉄パイプでめちゃくちゃにしたあと、ピストルを持ってボビーを車に乗せてどこかへ行ってしまったというのです。すでに警察へは通報していて、広域指名手配が出ていました。私は恐怖にかられました。1時間後、30マイル離れた所のセブンイレブンからボビーが電話をかけて来て、「私を探しに来て！」と言いました。夫がボビーを迎えに行きました。ボビーの車の車体がへこんでいました。「けんかしてジョシュが車を私の車の脇にぶつけた」とボビーは言いました。

　数日後ジョシュは警察に捕まり、1週間拘置所へ入れられました。ボビーは家にいて動揺していました。ジョシュは拘置所から出ると、深夜に私たちの家に現れました。町から出るためボビーにお金をもらいに来たのです。私はボビーを家から出しませんでした。ボビーからいくらかのお金をもらうとジョシュは姿を消しました。

　夫と私は次の日、ボビーを寄宿学校に入れることにしました。ボビーはほっとしたように泣きました。ジョシュがいなくなって安心したのでしょう。そして寄宿学校に入れるだけの力がある両親をもって幸せだと思ったのでしょう。私たちは、ジョシュという若い男性が1度でも近くへ来たら連絡をくださいと学校に頼みました。

　4カ月後に学校から電話がありました。ボビーがジョシュといっしょにどこかへ行ってしまったというのです。ここから160kmも離れたリゾート地から、ボビーが電話をかけてきて、普段とは違ういやな言い方で、学校にはもう戻らないと私たちに告げました。私は車で走り回ってボビーを探し出し、寄宿学校に送り届けました。このようなことが4，5回あって、私たちはボビーを公立校に転校させました。ボビーが寄宿学校にはどうして

も行きたがらなかったので、自宅に引き取ったのです。

　再び問題がおこるようになりました。ボビーはジョシュとの関係にはまり込んでドラッグを使っていて、私たちがいくらやめさせようとしても反抗することは明らかでした。ドラッグを求めて夜中の1時や2時に人が来るようになり、とうとう夫と私は「家の中でドラッグをしてはいけない」と言いました。でもボビーは家出しました。2日もすれば帰ってくると思いましたが、1年間家を出たままでした。家出をして数日後、ボビーは電話をかけてきて、ジョシュと住んでいると私たちに言いました。学校へは行かなくなっていました。

家族との絆が強ければ、乗り越えて家に帰って来るにちがいないと願い続けていました

　その年、私は警察に何度も電話をかけたし、ボビーを探しに出かけては何度も家に連れ戻しました。ボビーがドラッグをやめるのに必要な助けを得ようとしました。しかしそのたびに、ジョシュがボビーを迎えに来て、ボビーはいっしょに出て行ってしまうのでした。

　でも私はボビーと連絡を取り続けました。ボビーが家族と接触を断つことがないように、できるだけのことをしました。家族との絆が強ければ、乗り越えて家に帰って来るにちがいないと願い続けていました。

　母の日に家で、みんなで夕食をするために、私はボビーを迎えに行きました。するとボビーは、片方の目に青黒いあざができていて、鼻は腫れて血が流れていて、唇も腫れていました。ボビーはある女の子とけんかしたと言いました。私は信じませんでしたが、ボビーはそう言い張りました。最終的に私は、「もし怪我をしたら、病院へ行って手当てを受けて。費用は私が出すから、いいお医者さんのところへ行って治療を受けて」と言いました。

　それから間もないある日、夜遅くに私は救急センターから連絡を受けま

した。ボビーは、唇が裂けていて目は腫れあがり、ドラッグのせいで脱水症状を起こしていました。看護士は、ボーイフレンドに送られて来たのだけれど、ボビーが彼に会いたがって泣いていると言いました。ボビーは「お母さんがそうしなさいっていうから、病院へ連れて行ってとジョシュに頼んだの。そうしたら怒り出した。会いたい。お願いだから電話をして。ジョシュといっしょじゃなきゃだめ。別れられない！」と言いました。私はボビーを家に連れて帰りましたが、再びボビーの行方がわからなくなってしまいました。

　私はボビーのことがいつも頭から離れませんでした。明日ボビーは生きているだろうか、そればかり考えていました。生きているかどうか確かめるために、毎朝６時にボビーに電話をかけずにはいられませんでした。

　電話をすると、ときどきいないことがありました。あるとき３、４日いないことがあり、私はボビーの住んでいる場所へ様子を見に行きました。ボビーとジョシュが住んでいた家の裏に、老年の女性が家を借りて住んでいました。私はボビーの姿を見たかどうか聞きました。すると私を座らせて、「あなたは神様を信じていますか？　ボビーのために祈るしかないですよ。ジョシュはボビーを車に乗せてどこかへ連れて行きました。ジョシュはピストルを持っています」と言いました。私はボビーが帰ってくるのを見たら電話してくれるよう頼みました。ボビーに何かあったら時刻に関係なく電話してくれるよう頼みました。はじめは怖がりましたが、最後にはそうすると言ってくれました。

　その晩１時に、その女性から連絡がありました。ボビーが戻っていて、家からは何の音も聞こえてこないと言いました。そのあともその女性は何回も連絡をくれました。

　ジョシュと暮らすのは、ボビーにとって悪夢のようでした。ジョシュは嫉妬深くて、ボビーを友人や家族に会わせませんでした。日曜日の家族の夕食にも来させようとしませんでした。ジョシュもいっしょでなければ来

られないとボビーは言っていました。

　私たちの家に来るときはジョシュが車で送ってきて、１時間後には迎えに来ました。家の外や、車の中で待っていることもありました。ジョシュが留守の間にボビーが電話をかけてきて、「手伝ってほしいことがある」とか、「お母さんに会いたいけど１時間しか時間がとれない」と言ったりしました。どこかへいっしょに外出しても、ジョシュから帰って来いと命令されて帰ることもあったし、彼が外出先から帰ったと知ると、急いで戻って行くこともありました。

　ボビーの17歳の誕生日に、私はボビーとレストランで待ち合わせて、お祝いに昼食をご馳走することにしました。ジョシュがボビーを車で連れてきました。ボビーは急いでやってきて、「早く食べよう。ジョシュが１時半に迎えに来るから」と言いました。ボビーはいつもとても怖がっていて、ジョシュの言う通りにできなかったらどうしようと心配していました。いっしょに服を買いに行くと、我慢して自分の好きな服は買いませんでした。ビキニはぜったい着るなと言われていたので、ワンピースの水着しか着られませんでした。「ぜったいそんなの着させてもらえない」と怖がっていました。

　１度、生理用品が必要で電話をかけてきたことがありました。必需品を買いに行かせてくれないし、買うお金ももらえなかったのです。会った時に、数日間何も食べていなかったことも２度ほどありました。

　ジョシュがすべてをコントロールしていました。ジョシュはボビーの物を友だちにあげてしまったりしました。私に電話をかけることは許されていませんでした。「お母さんから電話をかけないほうがいい。ジョシュの留守中に私のほうからかけるから」と言ったことがあります。ボビーは囚われの身でした。

今すぐ来て！　彼女が生きているかどうかわからない

　ジョシュは気に入らないボビーの服や、私が買ってあげた服を燃やしてしまいました。誕生日に買ってあげた皮のジャケットをナイフで切ってしまいました。

　ジョシュはボビーに怒りを感じると、たたいたり殴り倒したり、家の外へ放り出したりしました。あるとき大雨の中、ボビーが外で泣きじゃくっているのを見て、裏の家に住んでいる老年の女性が電話をかけてきました。外はどしゃ降りでした。ジョシュはボビーを殴って外へ放り出し、鍵をかけてしまったのです。ボビーはびしょ濡れで、からだは冷え切ってしまっているのに、ジョシュは家の中に入れようとしませんでした。

　ボビーはいつもジョシュをかばって言い訳をしていました。「ジョシュには家族がいない」とか、「クリスマスを祝ったことがない」とか、「本を買ってもらったことがない」とか言っていました。彼に充分尽くし、自分のもっているものすべてをあげたら、彼はきっと変わってくれるだろうとボビーは信じていました。なぜなら、そうされて彼は喜び、きっと自分みたいになるにちがいないと考えたからです。

　自分の娘が殴られて囚われの身になっているのを見るのはいやだろうと思って、私に会おうとしなかったようです。ずっとあとになってからボビーは、私から距離を置こうとして姿を消していたのだと教えてくれました。「家に帰りたかったけど、お母さんにあんな姿を見せることになると思うといやだった」と言いました。ボビーは私と夫の身に何かおこることも恐れていました。ジョシュはボビーに、生まれたばかりの末っ子に手を出すと脅したり、家族全員に暴力をふるうと脅したりしていました。それでボビーは、ジョシュが家族に近づくことを避けるために、私と距離をおいていたのです。

　私はボビーをジョシュから引き離そうとがんばり続けました。薬物依存治療プログラムを受けるために数日入院させました。すると、数日後にジ

ョシュが迎えに来て退院させてしまったのです。助けを求めてたくさんお金も使いました。家族の生活がめちゃくちゃになってしまいました。私はボビーが死んでしまうのではないかといつも心配でした。

　ある日、ボビーと昼食の約束があって出かけようとした矢先、裏の家に住んでいる老年の女性から電話がありました。「今すぐ来て！　彼女が生きているかどうかわからない。大げんかして、ボビーが庭の芝生に横たわっている」と言いました。私はすぐ駆けつけました。

　ボビーは芝生の上で意識を失っていました。服やラジオなど、ボビーの物が投げ出されていました。私が揺り起こすとボビーは意識を取り戻しました。側頭部が真っ青でした。救急病院へボビーを連れて行きました。ジョシュがボビーのからだをあちこち蹴ったあと、地面に横たわっているボビーの頭に植木鉢を投げつけたのです。ボビーが間一髪でからだの向きを変えたので、植木鉢は頭の側面に当たりました。もしジョシュの狙い通りに当たっていたら、ボビーは死んでいたでしょう。ボビーはジョシュを提訴しました。警察署で証拠写真を撮られたとき、ボビーは足も背中も、からだ中あざだらけでした。

　入院して数日後、ボビーは心の準備ができたと言いました。5000kmも離れたマサチューセッツに住んでいる姉の所へボビーを連れて行きました。1カ月滞在して家に戻ってきたころには、元のボビーに戻っていました。以前の友人たちを家に呼ぶようになりました。カウンセリングを受け始め、ＤＶ被害者女性サポートグループへ通い始めました。そして、短大に入学しました。

　ある日の授業のあと、学校の駐車場でジョシュが待ち伏せしていました。家に帰ってくるとボビーは古いトレーナーを着て夜出かけました。ジョシュが戻ってきたのだと私にはわかりました。ボビーは一晩中帰ってきませんでした。翌朝電話が入りました。「お母さん、迎えに来て。ジョシュが寝ている間に抜け出してきた。もうぜったいジョシュのもとへは戻らない。

いったい何だったのかどうしても知りたかった。自分があんなところにもうぜったい戻らないことを確かめたかった」とボビーは言いました。私は怒りがとまりませんでした。ここにいては必ず見つかってしまうから町を出るように、私は言いました。24時間後、18歳の誕生日の前日、マサチューセッツの姉の家で暮らすことになったボビーを空港へ送りました。

　ボビーはしばらく働いたあと、大学へ行くことに決めました。少し年下の男の子とつき合い始め、その男の子は高校の卒業パーティにボビーを誘ってくれました。アメリカンフットボールの試合を見に行ったりして、高校生のときにできなかったことをいろいろいっしょにしたようです。ボビーはマサチューセッツの大学に 3 年間通いました。ジョシュが姿を現したことが 2 回ほどありました。夫と私は 2 回とも警察を呼びました。最後にジョシュが私たちにたいへん迷惑をかけたと謝ったとき、ほんとうにすまないと思っているのならもう 2 度とここへは来ないはずだ、と私たちは言いました。ボビーは最近、「いつかジョシュのことをもう怖くなくなるといいな」と言いました。そして「暴力の罠はとても強烈だった。ジョシュを愛したような愛し方はもうぜったいしない。ほんとうに大変だった。あのときのことを話そうとするとどうしても泣けてしまう」と言っています。

2

デートDVはたくさんおきている
Facts About Dating Violence

ここまでで紹介した人たちの体験談を読んで、あなたはどんなことを感じましたか。あなた自身と重なる部分がありますか。友人や大切なだれかと重なりますか。自分のことを想ってくれているはずの人から侮辱されたり、殴られたり、性的な苦痛を与えられたりするのが、どんなに傷つくことか知っていましたか。恋愛があなたを囚われの身にしまうことがあるのを知っていましたか。残念ながら、これらのことにほんとうにはなかなか気づけないものです。

　この本を手に取るには勇気が必要だったと思います。つらい内容かもしれません。この本の中で体験を語っている女の子や男の子たちと、自分が重なってはいませんか。デートＤＶが現実におきていることを知ることも、自分にとって大切なだれかにほんとうにおきていることを知ることもつらいことでしょう。

　この本を読むことが大事なステップとなるはずです。もしかしたら、自分の人生を変えたり、自分に対する見方を変えたりするはじめの一歩になるかもしれません。もしかしたら、この本を読んで、大切な人に手を差し伸べられるようになるかもしれません。

　この本では、デートＤＶをしている人を男の子と仮定してお話しします。理由は、デートＤＶをするのは男の子であることが一般的だからです。でも女の子がデートＤＶをしていることもときどきあります。ですから恋愛関係において、男の子がガールフレンドを虐待している場合、女の子がボーイフレンドを虐待している場合、男の子がボーイフレンドを虐待している場合、女の子がガールフレンドを虐待している場合の、どれにも当てはまる話だということを心に留めながら読んでください。

　初めてデートＤＶされたとき、私は14歳でボーイフレンドは16歳でした。された理由は、学校の廊下で私が兄と抱き合うのを見たからです。交際を始めたばかりだったので、ボーイフレンドは兄の顔を知らなかったんです。

学校から無理やり連れ出されて、店の裏でさんざん殴られました。「もしだれかに理由を聞かれたらけんかしたと言え。俺に殴られたとは死んでも言うな」と言われました。　匿名　17歳

　デートDVを経験しているのは自分だけだと思っているかもしれませんが、実際はそうではありません。恋人との間に暴力の問題がおきている10代の若者はおおぜいいます。事実、恋愛のような親密な関係において暴力にさらされる危険は、16歳から24歳の若い女性に一番多いのです。10代の若者を対象として、交際相手から殴られたり、性的暴力の被害にあったりした経験があるかどうかを調べた調査が米国にはいくつかあり、高校生の3人に1人が経験するという結果が出ています。14歳から17歳の女の子の40％が、同じ年ごろの女性で、ボーイフレンドから殴られたことのある人を知っていました。
（訳注：日本では、2004年に長崎のNPO法人「DV防止ながさき」が行った調査によると、女子高校生の10人に1人、女子大生の6人に1人が被害体験をもっているそうです。また実際につき合っているカップルの30％にデートDVがおきていて、そのまた30％には性的強要やからだへの暴力がおきているということです。2006年の内閣府の調査報告を見ると、10代から20代のとき、交際相手から"身体的暴行""心理的攻撃""性的強要"のいずれかをされたことが「あった」という女性は、7人に1人の割合でいます。回答者のうちの20代の女性では、4人か5人に1人の割合に増えます。）

　デートDVは深刻な問題です。10代の女の子や若い女性が性暴力の被害にあう確率は、他の年齢層の女性に比べて4倍に上がります。そしてデートDVという犯罪は、被害者が知っている人によって行われます。デートDVがおきている場合には、最終的に被害者が殺されてしまう可能性がつきまといます。ボーイフレンドに殺される若い女性の数は、恐ろしいほど多いのです。FBI（アメリカ合衆国連邦捜査局）の発表によると、米国

内で殺された女性のうち3人に1人は、親密な関係にある相手（夫もしくはボーイフレンド）に殺されていて、殺される女性の20％は15歳から24歳です。加害者にガールフレンドを殺す意図がなかったとしても、強く押したり武器で怖がらせたりしているうちに"誤って"殺してしまうことがあります。

　デートDVは、どこででも、どんな人にでもおきます。特におきやすい文化や地域はありません。つまり大都市でも小さな農村でもおきているのです。金持ちがたくさん住んでいる地域でもおきるし、公営住宅団地でもおきます。またどんな文化や民族においてもおきます。異性愛の関係と同じように同性愛の関係でもおきます。10代でもおきるし、その人に子どもがいてもいなくてもおきます。同棲している場合におきることが比較的多いですが、そうでない場合でもたくさんおきています。

　他の種類の虐待と同じように、被害者は女性で、加害者は男の子や大人の男性であることが一般的です。しかし女の子が加害者であることもあるし、男の子でもデートDVの被害にあうことがあります。デートDVは通常、関係性が安定したり深まったりしてからおきます。いくつかの調査によると、相手と親密な関係にあるということを自分のアイデンティティの一部として認識するようになるにつれて、若い男性が暴力をふるうようになる傾向があるということです。これに対して、恋人にふられてしまうのではないかと思い始めたり、実際に恋人にふられたりすると、さらに暴力をふるうようになる加害者もいます。

　あなたは、恋愛関係で暴力がおきるのはふつうだと思っていますか。殴ったり嫉妬をしたりするのは愛の証だと思っていますか。いいえ、愛の証ではけっしてありません。それでも10代の人たちの多くが、暴力や嫉妬は愛の印だと考えています。

3

デートDVって何だろう?
What Is Dating Violence?

カルロスとは13歳のときから交際しています。カルロスは、私の首を絞めたりするようなひどいことをしていました。他に私を好きになってくれる人はだれもいないように感じさせられることがよくありました。それでカルロスと関係を続けたほうがいいと思っていました。でも私はカルロスのことを怖がっていました。車でいっしょにどこかへ向かっている途中、彼が突然けんかをふっかけてきて、駐車場に車をとめると、私がまちがったことを言ったからといって殴ることがときどきありました。だから私は何かまちがったことを言ってしまうのではないかといつも不安でした。
コンスエラ　19歳

　デートＤＶをする人は、恋人をからだへの暴力や性的暴力や言葉の暴力を使って傷つけたり、あるいはこれらのことをすると脅したりします。このような行為を１度だけではなく、何回も繰り返します。単に怒ったりけんかをしたりすることとはまったく違います。デートＤＶがおきている場合は、デートＤＶをされる人がする人を怖がっています。
　愛している相手からデートＤＶをされるということは、自分の心とからだと性を大切にしてもらっていないことと同じです。

感情的虐待
　18歳のサンディはこう言います。

　侮辱されたり、ばかげたことで責められたり、恥ずかしい思いをさせられたり、混乱させられたりしました。いつも批判されていやな呼び方をされました。ばかにされたり、それどころか、前日にはなんにも言われなかったことでも、次の日には文句を言われたりしました。何かうまくいかないことがあるとすべて私のせいにされました。私には何が悪かったのか、さっぱりわからないことがよくありました。

サンディは自分の心が傷ついていることがわかっていました。あとになって、それは感情的虐待だということを知りました。
　感情的虐待をされると人は混乱してしまいます。たくさんの愛を表現してくれる人から、価値のない人間だと言われれば混乱してしまうのは当然です。希望により名前を伏せますが、ある14歳の女の子は次のように言っています。

　もしかしたら彼が言うようにほんとうにお化粧が濃すぎるのかもしれない、スカートが短すぎるのかもしれない、もしかしたらほんとうに私は「バカな女」なのかもしれないと思いました。もしかしたらほんとうに売春をしているようにまわりからは見えるのかもしれないし、友だちと遊びに行かないほうがよかったのかもしれないと思いました。彼を愛していたので、彼はほんとうのことを言ってくれているんだ、愛してくれているんだと思いました。

　嫉妬や相手を独り占めしようとする行為は感情的虐待です。嫉妬や独占欲を通して、恋人をコントロールするのです。例えば13歳のサリーナは、楽しかった恋愛の相手から次第にコントロールされるようになった様子を次のように表現してくれました。

　いつもいっしょにいました。はじめはとてもよかったけれど、そのうち束縛するようになりました。いつも彼といっしょか、電話で話をしているかでした。彼はだんだん嫉妬するようになりました。夜私が家にいることを彼が確信できるように、寝るときずっと電話していなければいけないようなことさえありました。学校で話してもよい人が決まっていて、すべて女の子でした。私を彼のルールに従わせようと、彼は友人に私を見張らせ

3　デートDVって何だろう？　43

ました。

　デートＤＶをする人の嫉妬心や不信感は、言いがかりをつけたり、質問攻めにしたりする行為として現れます。嫉妬のせいで、恋人が何をしても何を言っても、それに対してしつこくいろいろな文句を言います。しかも愛しているという理由でこういった行為をするのです。ジルはデイビッドに愛されていると信じていました。ジルは次のように話します。

　デイビッドは嫉妬心や独占欲を通して愛を表現していました。私が他の男の子に話しかけるのはだめでした。女友だちや家族にも腹を立てていました。「お互いがいれば十分だ」と言っていました。デイビッドが友人と出かけたり、面倒くさがって私に電話をかけてこなかったりするときは、家で待機して、彼の電話を待っていなければなりませんでした。もし家にいなかった場合は何度も何度も、居場所や話していた相手のことやそのときの服装まで質問されました。もうごたごたになるのが面倒で、私はだんだんとまわりとの接触を断つようになり、デイビッドにもっと頼るようになりました。彼の思い通りにしてあげないと怒るので不安でした。

　加害者の怒りが大きいと、相手は怖くて怒らせるようなことはできなくなります。ジムのガールフレンドは16歳で、ジムが嫉妬したときに怒りまくるのをとても怖がっていました。ジムは殴ったことは１度もありませんが、怒鳴ったりいやな呼び方をしたり、何か言ったことについて詰問したり、だれと何をしたのか何時間も質問攻めにしたりしました。後日カウンセリングを受けるとジムはこう話しました。「付き合うようになってまもなく、僕はほしいものを手に入れました。ガールフレンドを完全にコントロールする力を手にしたんです」
　感情的虐待をして恋人をコントロールするもう１つの手口に、頭を混乱

させて自信を喪失させる、というのがあります。学校で秘密をばらすとか、嘘を言いふらしてやると脅されていませんか。その場合は、感情的虐待をされている可能性があります。同性愛の関係をもっている場合、学校のみんなにあなたが同性愛者であることをばらすと言って脅かされることがあるかもしれません。あるいは言っていることとは正反対のことをしたり、何か言ったかと思うとそれを否定して、あなたの頭がおかしいんじゃないかとバカにしたりするのです。

　恋人を孤立させてコントロールしようとするのも、感情的虐待の手口の1つです。この場合、友だちや家族の悪口を言ったり、友人と会うたびに感情的になったり、自分のことをだれかに話されたと知ると、裏切られたと言ってあなたを責めたりします。デートＤＶをする人は、あなたの家族、特に親を敵視することがよくあります。このため、デートＤＶをされていると親に話したら、裏切ることになると感じてしまう可能性があります。

　物を投げつけられたり壊されたりすることがあるかもしれません。13歳のメラニーは、恋人のブライアンをコントロールしようとしていつも怖がらせていました。言葉で攻撃したり、ブライアンの行動が気にくわないと彼の物を投げたりしました。例えばある日、メラニーがブライアンに遊びに来てほしくて電話すると、ブライアンは妹と映画館へ行って留守でした。するとそれに苛立って感情的になりました。そしてブライアンのＣＤプレーヤーを取り上げて、部屋の向こう側の壁に投げつけて壊してしまいました。

　感情的虐待はあなたの自主性を奪います。すると自分をだめな人間だと思い始めて、交際相手に頼り切ってしまうようになります。自分とつき合ってくれる人は他にはいないと考えてしまいます。18歳のフェリシャが次のように話してくれました。

　彼に殴られもしたけど、言葉の暴力に1番傷つきました。彼がいつも言

3　デートDVって何だろう？　　45

う通り、私はだめでくずみたいな人間だと思いました。私は男ったらしで最低だから、私とつき合ってくれる人は彼以外もう2度と現れないだろうという気持ちでいっぱいでした。

> これまでにどのような感情的虐待をされたことがあるか聞いたら、10代の人たちは次のように答えています。
>
> - どなられた
> - お金を盗まれた
> - 相手が悪いのにいつも自分のせいにされた
> - 言葉でのいやがらせ
> - いやな呼び方をされた
> - 他の人といちゃついているとかセックスをしていると常に疑われた
> - しつこく質問された
> - 人前で恥ずかしい思いをさせられた
> - 大切にしているものを壊された
> - 「バカ」「頭がおかしい」などと決めつけられた

身体的虐待

　身体的虐待には、押したり、殴ったり、平手打ちしたり、蹴ったり、首を絞めたり、物や武器を使って暴力をふるったりすることが含まれます。

　身体的虐待をされたことがある人の中には、あざができるほどからだを押さえつけられたり、髪の毛を引っ張られたりしたことがある人がいるかもしれません。16歳のドーンは、同い年のガールフレンドのキャシーの腕をつかんで離しませんでした。あとでキャシーの腕には大きなあざが残りました。14歳のトーニャのボーイフレンドで15歳のトッドは、トーニャが

クラスメートと話をしているのを見て、学校の廊下でトーニャの髪の毛をつかみ、頭を後ろへぐいと引っ張りました。

　身体的虐待は1度だけおきて終わりということはありません。親密な関係の中で何度も何度もおきる、パターン化した行動です。おきるたびに前よりもひどくなっていきます。

　身体的虐待はあなたをコントロールして、あなたの行動を制限して、あなたを怖がらせるために使われる手口です。

これまでにどのような身体的虐待を受けたことがあるか聞いたら、10代の人たちは次のように答えています。

- ひっかかれた
- 首をしめられた
- 髪の毛をひっぱられた
- 刃物で切られた
- あざができるほど腕をつかまれた
- 壁に頭をぶつけられた
- 顔や腕を平手打ちされたり殴られたりした
- 腕をねじられた
- 物でたたかれた
- 車から投げ出された
- やけどをさせられた

性的虐待

　性的に侮辱したり、性行為や性的な要求を通して相手にひどい扱いをしたりすることを性的虐待と言います。

　乱暴に無理やりセックスさせられたことがあるかもしれません。ある14

歳の女の子は、自分の経験について次のように話してくれました。

　私はソファに横たわって泣いていました。彼は立って私を見下ろし、汚らしい言葉で私を呼んで自慰行為をして、私のからだじゅうに射精しました。ときどき私を紐で縛ることもありました。何をされても私はいやな気持ちになって、いつも横たわっているだけでした。いやだったけれど他にどうしようもありませんでした。セックスをして少しでも幸せな気持ちになったことは1度もありません。

　乱暴に無理やりセックスをさせられたことがなくても、操られてセックスを強制されたことがあるかもしれません。「強制される」とはどういう意味でしょうか。それは「セックスをしたくない、と怖くて言えない」ということです。たとえばきらわれるのが怖くてしたくないと言えないとか、殴られるのが怖くて言えないということです。セックスしないと申し訳ないような気持ちにさせられたりして、いやなのに我慢してセックスするよう操られることも強要されることです。セックスをしなければ別れるとボーイフレンドに脅かされたり、魅力がないとか自分が不十分であるかのように感じさせられたりして、いやいやセックスさせられることも強要です。
　16歳のルイスは13歳のキムに対して、「おまえは太っていてブスだけれど我慢してやっているんだ」といつも言っていました。ルイスはセックスをしたがりました。キムはルイスのことが大好きだったけれど、セックスはしたくありませんでした。「セックスできないならおまえにはもう我慢がならない」とルイスに言われて、キムは侮辱されたような気持ちになりました。そしてルイスの心が離れていってしまうのではないかと不安に思いました。それで、ベッドの上にからだを押し倒されて、自分の気持ちに関係なくセックスさせられたときキムは抵抗しませんでした。同じことが何度も何度もおき、そのたびにキムはさらに侮辱された思いがしました。

そしてずっとあとになるまで、強制力を使って性的虐待をされていたことに気がつきませんでした。

　セックスや何らかの性行為を、拒否したのに聞いてもらえないという経験をした人もいるでしょう。17歳のスザンナはオーラルセックスをすることを、考えただけでも気分が悪くていやだと言ったのに、18歳のブラッドはスザンナの頭を押さえつけて、行為が終わるまで離しませんでした。

　恋人以外の人とセックスをさせられたり、恋人が他の人とセックスをするのを見せられたりしたことはありませんか。性的にプライドを傷つけられたり、侮辱されたりしたことがあって、自分を恥ずかしく思ったり、自分はどこかおかしいと思ったりしていませんか。19歳のジョンは、恋人で17歳のマニーといっしょに道を歩きながら、他の女の子たちを指差して、「他の子たちのほうがずっとかっこいいし、君はどうしてセックスで僕を満足させてくれないんだ」と文句を言いました。そして「マニーとのセックスはよくないからこの子としたい、あの子としたい」などと友人たちの前で言いました。

　妊娠やＨＩＶ感染予防の避妊をせずにセックスをさせられた人もいるかもしれません。16歳のジョーンはこう言いました。

　セックスについては全部ジェフの言うことをききました。ジェフが初めての相手だったんです。コンドームを使ってと頼んでも「感じなくなる」と言って必ず拒否されました。満足できないと意地悪な言い方をするので、私には魅力がないような気持ちになりました。私はよく泣きました。ジェフはエイズテストを受けているから心配いらないと言ったり、お医者さんから子どもは作れないと言われているから避妊をする必要はないと嘘をついたりしていました。ほんとうではないと知ったのは妊娠したときです。中絶はこれまでで一番つらい体験でした。

3　デートDVって何だろう？　49

これまでにどのような性的虐待をされたか聞いたところ、10代の人たちは次のように答えています。

- 性的でいやな呼び方をされた
- 殴られたあとで性行為を要求された
- 裸で家に帰らされた
- いつもセックスを要求され、いやがると怒られた
- 強制的にセックスをさせられた
- "汚らしい"性的行為をさせられた
- 胸をかんだりつねられたりした
- 無関心
- 別な彼女をつくると脅された
- レイプされた
- 言いなりになるように平手打ちされたりつねられたりした
- 避妊具を使わないでセックスをさせられた

ワークシート

　ボーイフレンド、あるいはガールフレンドから、どんな感情的虐待あるいは言葉による虐待をされたことがあるか書いてみましょう。身体的虐待や性的虐待についても同じように書いてみましょう。そしてこの章を読んだ感想を書いてみましょう。

4 自分がデートDVをされているか どうか、どうしたらわかるの?

How Can You Tell if Your Relationship Is Abusive?

デートDVをされている人

　私がデートＤＶされているとは思ってもみませんでした。他の女の子たちのデートＤＶの体験談が載っている本を母が見せてくれたので、読んでみると、彼女たちが言っていることと同じことが私におきていると気づきました。それまでは彼から何をされても受け入れていました。本を読んで、考え方が「私は何をしたんだろう？」から「こんな扱いを受ける理由はない」に変わりました。　サンドラ　19歳

　被害者の多くはデートＤＶをされていると認識していません。虐待をされるうちに、自分が徐々に変わってしまったことに気がつかないからです。あなたはデートＤＶをされていませんか。次の質問のうち２つ以上当てはまる場合、デートＤＶをされているか、デートＤＶをされる可能性があると考えられます。

あなたはデートDVをされていませんか?

- ボーイフレンド、あるいはガールフレンドの怒りっぽさが怖いですか?
- 相手とちがう意見をもつのが怖いですか?
- ひどい扱いをされても、相手をかばって、相手の行為の言い訳をしますか?
- 相手がだれかに暴力をふるうのを見て怖くなったことがありますか?
- 殴られたり、蹴られたり、押されたり、物を投げつけられたりしたことがありますか?
- 嫉妬されるのを避けるために、友人や家族とはいっしょにいないようにしていますか?
- セックスを無理やりさせられたことがありますか?
- セックスしたくないことを怖くて言えなかったことがありますか?
- 自分の行動や行く場所や会う人について、怒られないような理由を選んで言うことがありますか?
- 他の人といちゃついていたとかセックスをしたなど、事実に反することを言われて何度も責められたことがありますか?
- 相手の許可がなければ、外出したりアルバイトしたり学校へ行ったりすることができませんか?
- 今つき合っている人と交際を始めてから、自分の両親に隠しごとをしたり、恥ずかしくて顔を合わせられないような気持ちになったり、敵意をもったりするようになりましたか?

デートDVをしている人

　暴力をふるったために更生施設へ送られたおかげで、自分の問題に立ち向かうことができました。それまではガールフレンドを言葉で脅したり、彼女の手を壁にたたきつけたり、からだを押したりつかんだりゆさぶったり、銃を彼女の頭に向けたりしていました。　アレン　18歳

　感情的虐待や言葉の暴力をしている人は、自分が被害者だと信じていることがあります。「自分がデートDVをしてしまうのは相手のせいだ。それで暴力をふるってしまうんだ」と信じているかもしれません。そのため、デートDVの問題を解決できるのは自分しかいないということに気づけません。次の質問に答えてみてください。２つ以上当てはまったら、あなたはデートDVをしています。

あなたはデートDVをしていませんか？

- あなたはひどく嫉妬したり相手を独占しようとしたりしますか？
- カッとなりやすいですか？
- 相手を常に批判したり、ばかにしたり、侮辱したりしていますか？
- お酒を飲んだり、ドラッグを使ったりしたときに暴力をふるいますか？
- 相手の物を壊したり、物を投げつけたりしたことがありますか？
- 怒って相手を殴ったりからだを押したり蹴ったり、その他の暴力行為をしたりしてけがをさせたことがありますか？
- 相手や相手と親しい人に暴力をふるうと脅したり、殺すと脅したりしたことがありますか？
- 強制的にセックスをさせたり、怖がらせてセックスさせたりしたことがありますか？
- 別れるなら自殺すると脅したことがありますか？
- 自分といっしょにいないときの行動を報告させますか？
- 行動をチェックしたり、何をしているのか確かめるためにしつこく電話したりしますか？
- 他の人と浮気していると責めることがありますか？

5

デートDVのパターン：
愛、暴力、恐れ

Patterns of
Love, Violence, and Fear

ちょっとしたことが重なってだんだんと大きなけんかになって、いつも最終的にマイクが暴力をふるうのがふつうでした。そして怒りの嵐が去ってロマンチックに仲直りをして、何日も何週間も幸せな時期が続いて、そしてまた次の怒りの嵐がおこりました。　マージ　18歳

　デートDVがおきている場合、デートDVをしている人が自ら行動を変えようとして何らかの手段をとるか、デートDVをされている人が関係を終わらせるかしないかぎり、状況は悪化するでしょう。交際している相手との関係性に、周期的なパターンがあるのに気づいていますか。
　デートDVをする人は、あるときはとてもやさしく、あるときはとても残酷で、まったく別人のように見えることがあるでしょう。激しい怒りを伴う虐待行動と仲直りを交互に激しく繰り返すことがあり、このようなパターンは、「トラウマ性結びつき」あるいは「人質シンドローム」と呼ばれる症状を被害者にもたらすことがあります。別れたり仲直りしたりするのを繰り返すのには、理由があるのです。デートDVをされている人は、相手に対する強い親密感（結びつき）と恐れや怒りの感情の間で揺れています。
　ダナとジェイソンは2人とも16歳で、交際を始めて8カ月でした。ジェイソンはストレスがたまると怒りやすくてとげとげしくなり、難癖をつけたり、すぐにカッとなったりします。ちょっとしたことで怒り、物を投げたり、ダナのことを延々と批判したりします。何か「失敗」したからという理由で「罰」を与えます。何かがうまくいっていないと思うと、何をしてもダナのせいにします。ジェイソンは嫉妬深くて独占欲が強いです。服がセクシーすぎるとか、色目を使っているとか、他の人とセックスしていると言ってダナを責めます。いつも電話をかけて居場所を確認したり、どこへも行かせないようにしたりします。
　ときどきダナはジェイソンにいろいろと要求されるとうれしく思います。

愛されていることの証明であるように感じるのです。自分がジェイソンにとって大事な存在であることをダナは知っています。でもダナはジェイソンを怒らせてしまったらどうしようと、以前にも増して怖がるようになりました。ジェイソンの怒りに反応して、ダナはとても注意深くなります。これをしたらジェイソンが暴力をふるうかもしれないと思うようなことは、ますます怖がってしなくなります。ジェイソンを喜ばせておこうとしたり、平穏無事に過ごせるようにしようとしたりします。自分の気持ちは感じないようにして、ジェイソンの行動や言葉や気持ちなど、ジェイソンのことばかり気にするようになります。どこへ行っていたのか聞かれると、ほんとうのことを言ってしまおうかと考えます。でもやっぱりジェイソンが満足するように答えてしまいます。何か言って怒られると、説明して理解してもらおうとします。

　しばらくしてダナは、いくら言葉に気をつけてもジェイソンの行動が少しもよくならないのに気がつきました。ジェイソンはダナが何を言っても、その言葉の意味を捻じ曲げて怒ります。落ち着かせようとしたり、笑わせようとしたり、彼の怒りがおさまるのを黙って待ったりしても、ジェイソンは1人で勝手に怒りを限界までつのらせていきます。突然怒り出したかと思うと、突然怒りがおさまることもあったり、「君の愛を信じられないからこんな行動をしてしまうんだ」と言ったりします。そしてこのような行動をとったあとはセックスをしたがります。でもこんなときはきまって、ジェイソンは何かを証明しようとするだけで、乱暴にふるまうので、ダナはセックスをしても楽しくありません。

　ジェイソンが落ち着きを取り戻しても、2人の間にはまだ緊張感が漂っています。それでダナはけんかにならないようにジェイソンの様子を気にし続けます。ダナはいらいらして胃が痛むようになりました。お医者さんは胃潰瘍になりかけていると言います。ときどき気分が悪くなります。ダナは元気で明るい性格ですが、ジェイソンとの間の雰囲気が悪くなると、

自分に閉じこもって憂うつになります。ジェイソンのことばかり気にかけて、自分のことに気を配るのを忘れてしまうので、汚れた服で学校へ行ってしまうことがあります。普段はいい生徒ですが、ジェイソンのことが心配のあまり心が上の空になってしまい、学校の授業に集中できず、宿題もままならなくて、試験も落第点をとることがあります。

ときどきジェイソンとダナとの間の張りつめた空気が"爆発"したりエスカレートしたりして、ジェイソンが暴力をふるうことがあります。ジェイソンは怒りをつのらせて、もう冷静になろうとしません。かまわず怒りをあらわにしてダナに感情をぶつけます。汚い言葉でダナのことを呼んだり、殴ったり、逃げられないようにしたりします。そうすると突然、ジェイソンのいらいらが解消されてすべてがおさまります。（そして再び繰り返されるまでは、すべてがおさまった状態が続きます。）暴力をふるったあとジェイソンは申し訳なく思い、ダナにきらわれてしまうのではないかと心配になります。ダナの目のまわりには黒いあざができ、からだもあざだらけです。こんなに傷つけてしまったと気づくと、ジェイソンは泣いて許してほしいとダナに頼みます。

ダナはジェイソンが怒りで爆発する前に逃げようとします。間に合うこともあれば間に合わないこともあります。すべてがおさまるとダナはほっとします。でも同時に怒りも感じます。何をしてもジェイソンはダナに暴力をふるうからです。殴られたあと、別れたことが2度あります。今までは暴力をやめてほしいという願いが叶うだろうと信じていました。心の奥底では再び殴られるとわかっていても、わかっていないふりをしていたのです。でも今回また殴られて、もうジェイソンに対して心の絆を以前ほど強く感じません。そのかわり心が傷ついて、怒りと恐怖感をもちます。

ジェイソンはダナに再び愛してもらえるように、できる限りのことをしようとします。謝ったり、ロマンチックなことをしたり、情熱的になったりします。行動を変えてもう2度と傷つけないと約束します。そう言われ

てもダナはうれしくありません。ジェイソンから離れたいと思います。でもダナは、ジェイソンが自分を取り戻して反省しているようだと考え、暴力をふるっていないときのジェイソンの好きなところを思い出します。ダナはジェイソンに愛されていて必要とされていることを知っています。だから2人はいっしょなのです。そう思うと恐れたり怒ったりするのがもういやになってしまいます。

　2人はまた仲よくなります。ジェイソンはもうそれほど神経質ではありません。以前のようにいっしょにいて楽しいです。ダナは安心して元気を取り戻し、もう憂うつではありません。ジェイソンはあまりいらいらしたり嫉妬したりしません。ダナの言うことや行動に対して、いちいち事実を捻じ曲げることもありません。思い入れのある場所へいっしょに出かけたりして楽しい時間を過ごします。

　ジェイソンが感情的に爆発してしまうことに対して、2人は言い訳をしています。ジェイソンが子どものころ不幸だったからとか、学校でトラブルがおきていたからだとか、ダナがジェイソンを幸せにしてあげられないから、などです。2人ともジェイソンの暴力を正当化し、ダナが殴られるのは当然だとさえ考えているかもしれません。2人は暴力がジェイソン個人の問題だという事実を否定します。ほんとうはジェイソンが自分と自分の怒りをコントロールしていないことが暴力の原因です。しかし、2人とも暴力は"ちょっとしたけんか"であって、もう2度とおきないと考えようとします。

＊＊＊

　トラウマ性結びつきは、デートDVがおきている関係に生じる強い感情的なつながりのことで、一方がもう片方の人を操ったり、怒鳴ったり、殴ったり、脅したり、いやがらせをしたり、怖がらせたりするときもあれば、

親切でやさしかったり気を配ったりするときもあります。ディー・グレアムとエドナ・ローリングという2人の心理学者は、トラウマ性結びつきの仕組みを、次のように説明しています。虐待されてしまうと、心とからだの安全が脅かされて恐怖感をもったり、この先もう生きて行けないように感じたりします。トラウマを抱えてしまうとこのように感じるのがふつうです。

　トラウマをもった結果、安心したい、保護されたいというニーズが生まれます。たとえば虐待されていることを家族や友人に話せなくて、まわりから孤立してしまっているとします。その場合、加害者からやさしくしてもらおうとしたり、守ってもらおうとしたりするでしょう。加害者にやさしくされると、変わってくれるかもしれないと希望を感じて、怖い思いをさせられたことに対する怒りが消えてしまうかもしれません。

　こうして加害者の怖い側面ではなくて、やさしい側面と心理的なつながりをもつようになります。加害者を満足させておこうとして、相手の機嫌やニーズに敏感になり、暴力をやめてくれるだろうと願い続けます。自分のことは忘れてしまって、加害者の意見や感情や考えを模倣しようとすることもあります。

　加害者の考え方にならって、自分の親などを、自分と加害者とのかけがえのない愛の前に立ちはだかり仲を裂こうとする敵だと、考えるようになるかもしれません。

　加害者から自分の身を守るためには、自分の感情やニーズや意見、特に怒りや恐怖感は邪魔になってしまいます。それでだんだんと自分の感情や意見をもたなくなります。それでも怒りや不安を感じるときがあり、そんなときは加害者との関係を終わらせようとするかもしれません。でも結局別れるのと仲直りするのを繰り返します。加害者との間に特別な心の絆を感じて、加害者を世話して守ってあげたいと思うこともあるでしょう。でも逆に、相手といっしょにいたら自分がだめになってしまうと感じること

ワークシート

どんな気持ちか書いてみましょう。

5 デートDVのパターン：愛、暴力、恐れ

もあります。これらの相容れない感情があるせいで、なかなか別れることができなくなります。そしてそのまま、感情の移り変わりが激しい関係が続いていくのです。

6 男の子がガールフレンドにデートDVをする理由

Why Do Guys
Abuse Their Girlfriends?

母のボーイフレンドが、僕を強い人間に育てようとして僕のことを殴りました。母も僕のことをよく殴りました。僕は怒りを感じると、時と場所に関係なく暴力をふるっていました。人を怖がらせるのがおもしろかったんです。　レイ　18歳

　どうして交際している相手に残酷なことをしたり、暴力をふるったりするのか、説明は簡単ではありません。理由は1つではないからです。親密な関係において暴力がおきる要因はいくつかあります。

嫉妬

　高校生や大学生の多くが、デートDVの大きな原因として嫉妬をあげています。嫉妬は自信のなさからくるのですが、10代の人たちは嫉妬を愛の証だと考えることがよくあります。デートDVをする人は、「愛しすぎているから他に友だちをつくられるのが我慢できない。君を独り占めしたい」と言ったりします。こう言われると、それは愛の証だと思ってうれしく感じます。

　嫉妬は相手の行動を制限したり、コントロールしたり、殴るなどの暴力をふるったりすることにつながる可能性があります。でも嫉妬を愛の証だと考えていると、暴力の危険性を無視することになりかねません。交際を始めたばかりのころは、デートDVをする人の愛をロマンチックで「特別」だと感じるでしょう。でもしばらく経つと同じ愛が、デートDVをされる人を囚われの身にしてしまいます。デートDVをする人が「独り占めにしたい」と言って、相手が友だちと会ったり楽しいことをするのに嫉妬して怒ったりすれば、デートDVをされる人は、愛を理由に囚われの身になってしまいます。怒りが怖くて、怒られたり暴力をふるわれたりするのをなるべく避けようとします。こうしてだんだんと自分のしたいことをしたり大切な友だちに会ったりするのをやめるようになります。その結果ま

わりから孤立してしまい、デートDVをする人が唯一頼れる存在となってしまうのです。するとデートDVをする人は嫉妬や暴力をやめるどころか、さらにひどくなります。嫉妬を言い訳にして怖がらせたり依存させたりすると、相手をコントロールできると気づくからです。（嫉妬を利用してボーイフレンドをコントロールする女の子もいますし、同性愛のカップルにも当てはまります。）

　でもほんとうは愛しているから嫉妬するのではありません。自分に自信がなくて愛してもらえないのではないかと不安に感じるから嫉妬するのです。そして自信がないので、嫉妬を利用することで、恋人に対して力をもちコントロールしようとするのです。

力を示すために暴力を使う

　私たちの社会において、10代の人たちは映画やテレビや広告から、恋愛関係についてまちがった考え方を学んでしまうことがあります。さまざまな状況で、強い人間や集団が、弱い人間や集団を、暴力を使ってコントロールするのを見ています。たとえば、からだの大きい生徒や年上の生徒が、学年が下の生徒をいじめたりするのを見ています。国際問題が起きたときに、国が軍隊や爆弾を使うのを知っています。映画やテレビで女性がひどい扱いを受けているのに、見ている人たちはそれをロマンチックだと思ったり、おもしろいと思ったり、特に問題はないと思っていることも知っています。まわりの大人が自分の力を示すために暴力を使うのを見たことがあるかもしれません。それで、暴力を使って自分が力をもつのはふつうだと思ってしまうのです。

女性を尊重しない

　若い男性は、女性を虐待する権利があると思い込んでいることがよくあります。女性は受身でバカで男性を喜ばせるために存在していると思い込

んでいて、男性は女性を支配してコントロールするべきだというまちがった考え方をしています。

　男の子たちには、セックスをしなければならないという同年代からの強いプレッシャーがあります。このため、女の子に対して性的に強引なことがあります。ガールフレンドを支配して行為や行動をコントロールするのが、自分の役目だと感じています。

　男の子たちはガールフレンドに対して威張ったり、こき使ったり、自分に従わせたり、セックスをしたくないと言われてもそれを無視したりすると、仲間から認めてもらえます。このように振舞わなければ男らしくないと思われてしまうのではないかと不安なのです。

　女の子たちは、ボーイフレンドが何かしたいと言えば、たとえそれが自分を傷つけることでも、しなければいけないというプレッシャーを感じています。ボーイフレンドに依存することを学習してしまっていることもよくあります。人生には恋愛以外にも大切なことがあるのに、ボーイフレンドのことを第一に考えて、相手との恋愛関係以外のことには目を向けなくなります。そして自分とは違って、たくさんの男の子とデートしている女の子に厳しい目を向けたりします。自分にとってよくない相手でもつき合うべきだというまわりからのプレッシャーを感じています。

　セックスをしたくないときでもセックスをしなくてはいけないようなプレッシャーを、女の子は感じています。いやだといってもボーイフレンドからセックスさせられると、自分を責めてしまうかもしれません。このようなプレッシャーは、性行為と恋愛に関するまちがった考え方から生じます。たとえば男の子に遊びに連れて行ってもらったら、女の子はセックスしたくなくてもする義務がある、と信じている10代の人たちはおおぜいいます。女の子に性的な魅力を感じたり、お金を使ったりした場合は、強引にセックスをしても正当だと、10代の男の子たちの多くが信じています。女の子は、ボーイフレンドとセックスをすることを1度OKしたら、自分

が彼のものになってしまったかのように考えて、もう断ったり気持ちを変えたり、ある特定の性行為を拒否したりする権利はないと考えるかもしれません。あるいは自分がボーイフレンドのものであるというような考え方を拒否すると、まわりでうわさされたり、ふしだらだと思われたりするのではないかと不安なのかもしれません。このような考え方は、デートＤＶの要因の１つになると言えます。

子どものころに暴力を経験した

　子どものころに虐待されたり、母親が虐待されているのを目撃したりしたことのある男性は、ガールフレンドや妻や子どもを虐待する可能性があります。虐待する親を見て、他の人に責任転嫁することを学習しています。だれかを傷つけることになってもかまわず、短気になったり感情的に爆発したりしてストレス発散することを学習しています。自分の問題や感情に、他の方法で対処することは学んでいません。女性を対等に扱うことも学習していません。

不安や怒りにうまく対処できない

　恋人に暴力をふるう男の子や女の子は、自分の不安や恐れにうまく対処できていません。つき合っている相手が自分のもとを去ってしまうのではないかと不安なので、相手を信頼することがなかなかできません。そして自分の怒りを管理するのが苦手です。自分が怒るのを相手のせいにします。自分の感情を伝えたり話し合ったりするすべを知りません。怒りをぶつけられたり、やさしくしてもらえなかったりするとどんな気持ちになるか、つき合っている人に共感したり理解したりすることができません。

酒とドラッグ

　暴力を経験したことのある10代の若い人たちの多くは、酒を飲んだりド

ラッグを使ったりすると暴力がひどくなると言います。これらは暴力がおきる原因にはなりません。しかし酒を飲んだりドラッグを使ったりしたあとで、自己抑制をせずに暴力をふるうことがあるでしょう。

　たとえばパーティで酒を飲んで酔ったあと、ガールフレンドを家に連れて帰ってから言葉や暴力で攻撃したとします。この場合、パーティがあった場所でガールフレンド以外の人を攻撃するという選択はしませんでした。その代わり、ガールフレンドを攻撃するという選択をしたのです。それに酒は飲まないという選択をしていたら、ガールフレンドを攻撃するという選択をしないですんだかもしれません。つまり酒を言い訳に使って、ガールフレンドに暴力をふるうのです。

　自分の問題から逃げるために酒やドラッグが使われることがよくあり、危険です。

どうしてガールフレンドにデートDVをしたのか質問したところ、次のような答えが返ってきました。

- 嫉妬しました。彼女が他の男を見たりすると冷静さを失いました。僕の好みのきれいな服を着ていたりすると、みんなが彼女のことを見ていると思って感情的になりました
- お父さんがお母さんを殴ります
- 人を信頼することができませんでした。特に女の子を信頼できませんでした
- ふられてしまうんじゃないかとばかり考えて、冷静になれませんでした。そしてこんなふうに彼女に影響されるのがいやで、僕に断りなしには何もさせませんでした
- 小さいころ家庭で弱い立場にいたので、仲間の間で強い立場に立ったり、ガールフレンドに対して力を使ったりしました
- 嫉妬しました
- カッとなりやすいタイプです。怒りの感情をコントロールできません
- 自分をだめな人間だと思っていました。相手のことを信頼できないと暴力をふるいました
- 酒やドラッグの問題を抱えていました
- 感情的・身体的虐待の被害者でした。それに短気です
- 男なら強くなきゃいけないと思いました。ガールフレンドが僕のことをなめていてコントロールしていると思いました
- 酒を飲むと暴力をふるいました。でも酒をやめませんでした

7

ロマンチックな愛、お互いを育む愛、依存的な愛
Romantic, Nurturing, and Addictive Love

彼はいつでも好きなときに私の注意を引こうとしました。自分が忙しいときは私を待たせっぱなしにしました。私に何か言いたいことがあるときは、真夜中でも電話をかけてきました。ある日、私は彼が浮気をしていたことや、たくさん嘘をついていたことを知りました。すると彼は、私が悪いからだと言いました。その晩私は、お願いだからもう1度やり直すチャンスがほしいと彼に頼みました。何をしたら私を好きになってくれるか教えてほしいと頼みました。彼を失うのが怖かったんです。サンドラ　19歳

出会って好きになり、いっしょにいると楽しくて恋に落ちます。愛には、お互いを育む愛や、ロマンチックな愛や、依存的な愛などがあります。あなたの愛はどんな愛ですか。

ロマンチックな愛

親密な関係のほとんどは、ロマンチックな愛から始まります。この世の中で自分にふさわしいたった1人の人に出会ったかのように、すべてが完璧に見えます。お互いの長所しか見えません。相手のいやなところまで肯定的に見てしまいます。たとえば時間が経つと「わがまま」に見えてくるような性格も、恋愛が盛り上がっている最中は、わがままなのではなくて「忘れっぽい」だけだと考えます。あとになれば「抑圧的」で「独占欲のかたまり」だと思うところも、恋愛の真っ只中だと「献身的」とか「愛情深い」と考えたりします。

ロマンチックな愛は、刺激的で胸がわくわくして情熱的です。新しい恋人以外のことは何も考えられません。いっしょに特別な時間を過ごしたり、プレゼントを買ってあげたり、情熱的な手紙を書いたり、電話で何時間も話をしたりします。

いっしょに時間を過ごしてお互いのことをもっと知るようになると、新しい恋人との関係は普段の生活の一部になり始めます。友人たちと再び会

うようになります。学校のことにも注意が再び向くようになります。初めてのけんかをして、ときにはちがう物の見方をすることに気づき始めます。お互いの性格で好きではないところがあるのを発見します。

　この段階で、自分が探していた恋愛とはちがうのに気づいたり、相性が合わないと判断したりして別れるカップルが中にはいるでしょう。交際を続けるカップルは、交際を始めたばかりのころの情熱がさめたあとも、お互いのちがいをうまく乗り越える道を見つけて、お互いを愛し続ける方法を見つけます。

　ロマンチックな愛には必ず少しずつ変化が起き、お互いを育む愛に変わるか、依存的な愛に変わるかのどちらかになります。相手との間に恋愛感情や情熱はまだありますが、これらの感情が相手との関係性のすべてではなくて一部となります。

　これを読みながら、「ロマンチックな愛はとても素敵！　そんな愛がほしい！」と思う人もいるかもしれません。交際し始めたばかりなら、ロマンチックな愛はとても刺激的です。でも長く続いて、親密な関係をもててうれしいとふたりが思えるのは、お互いを育む愛です。

お互いを育む愛

　あなたと恋人との間にお互いを育む愛があるということは、お互いの成長と幸せを願っているということです。相手が可能性を十分実現できるように願っているということです。お互いがそれぞれに友人をもち、いっしょに時間を過ごすだけでなく別々に行動することも楽しめるようにさせてあげるということです。学校や仕事がうまくいくように支え合うということです。安心して感情を表すことができます。けんかをしても、お互いを怖がることはありません。自分が自分でいることが楽にできます。

　もし相手が１人になりたいときは、それを受け入れることができます。お互いを育む愛を土台とした関係性がある場合、相手から別れたいと切り

出されて、自分には別れる心の準備ができていなかったらどうなるでしょうか。悲しくて心が乱れ、しばらくの間はつらいかもしれません。でもふられたからといって、まるで人生が終わったかのように破滅的に感じることはありません。

　メアリーとスティーブは、友人宅でのパーティで知り合い、1週間後には毎日会うようになっていました。いっしょにいると2人はよく笑いました。何をいっしょにしても特別に感じました。恋に落ちたのです。3週間学校で手紙を交換したり、放課後いっしょに歩いて家に帰ったり、宿題をしたりテレビを見たり、家に帰ってから寝るまでずっと電話で話したりしました。つき合い始めて1カ月たったころ、メアリーは友人たちと金曜日の夜遊びに出かけることになったとスティーブに伝えました。スティーブと過ごす時間をつくろうとして、チアリーダーの練習にしばらく行かなかったのですが、チアリーダーのグループからはずされてしまったら困ると思っていました。スティーブは金曜日の夜メアリーと会いたかったのですが、「友だちは大事だから楽しんでおいで」と言ってあげました。チアリーダーの練習のことをメアリーが話すと、スティーブはほっとしました。というのも、メアリーと会って以来、バスケットボールをしに行かなくなっていたからです。それ以降も2人はたくさんいっしょに時間を過ごし続けました。でも以前していたことや友人とのことなどについては、普段の生活に戻りました。

　ある土曜日の夜、メアリーの妹をいっしょに連れて外出するのをスティーブがいやがったので、2人は大げんかをしました。2人ともたまらない気持ちになり、別れることになってしまうのではないかと不安でいっぱいになりました。メアリーは、スティーブは大家族と暮らすことがどんなものか知らないので理解できないのだと思いました。スティーブはその後も、メアリーの妹たちを気持ちよくいっしょに連れて行くことはできませんでした。でも2人で協力して丸くおさまるようにしました。（毎週ではない

けれども）ときどき妹のうちの1人をいっしょに夕方遊びに連れて行き、途中で家に送り届けることで、2人きりの時間を過ごせるようにしました。他のことでも意見がくいちがうことがありました。でも2人はお互いに夢中でしたし、時間が経つにつれて、お互いのことをもっと好きになりました。この2人の関係性は、ロマンチックな愛からお互いを育む愛へと変わったのです。

依存的な愛

依存的な愛は、問題がおきる可能性があります。カップルのうちの片方あるいは両方とも、相手がいなければ生きていけないと信じている場合、「依存的」だと言えます。初めて出会ったときからたいへんロマンチックで、いつもいっしょにいたがります。そして少しずつ、1人になるのを恐れているかのようにお互いを必要とし、なんとしてでもいっしょにいたいと思うようになります。いっしょにいられるように、自分のためにならないこともするようになるでしょう。いつでもいっしょにいなければ相手を失ってしまうのではないかと不安で、相手が別行動をすると脅かされたような気持ちになります。

男の子は、自分が女の子を「必要」とするなんて男らしくないと考えて、ガールフレンドにこのような感情を隠そうとするかもしれません。そしてコントロールしたり批判したりすることで、このようなニーズを表現します。たとえばガールフレンドが毎日の暮らしの中で、自分のことだけに注意を向けるように要求したりします。あるいは女性として、ガールフレンドとして十分ではないと言って、他に頼らせてくれる男性なんていないような気持ちにさせたりします。

依存的な関係のすべてにデートDVがおこるわけではありません。でもこのタイプの関係には、デートDVがおこる危険性が高いでしょう。もしあなたがデートDVをしていたら、恋人があなたを依存的に必要としてい

るのを利用して、力を使って恋人をコントロールようとしているということです。恋人に対して依存的な愛を感じているとしたら、別れたら大変なことになってしまうと怖がらせたりして、どんな手段を使ってでも、相手が離れられないようにするでしょう。

　もしあなたがデートＤＶをされていても、あなたが依存的になっていると、暴力を受け入れてしまったり、暴力なんてふるわれていないと考えようとしたりするかもしれません。相手が自分から離れて行ってしまうのではないか、１人ぼっちになってしまうのではないかと不安を感じるかもしれません。関係を続けたり、虐待されたりすることに抗議しなかったりすると、相手はそれを、もっと虐待してもよいという許可だと解釈してしまうかもしれません。相手は毎日の生活で何かいやなことがあったりしたとき、あなたを絶好の標的にするでしょう。

　デビィとレニーは近所に住んでいましたが、学校がちがったのでお互いのことをあまりよく知りませんでした。でもある日、近所の子たちとたむろしていたときに、お互いをからかったりしたりして楽しく遊びました。レニーはデビィをデートに誘いました。そしてあっという間に、デビィはレニーにしきりに電話をかけたり、詩を書いて渡したり、２人の将来について話したりするようになりました。

　デビィは今までに出会った中で一番きれいで楽しい女の子だと、レニーは思いました。でも急速に関係が進展して行くのでちょっと怖く思っていました。レニーはデビィに「もう少しゆっくりつき合いたい。友人ぐるみで外出しよう。学校の勉強の遅れを取り戻せるように別行動をしよう」と伝えました。するとデビィは感情的になって、レニーに別れるつもりなのかと聞きました。レニーは「そうじゃないよ！」と答えましたが、デビィは「別行動しなきゃいけない理由がわからない」と言いました。

　レニーが友人と野球をする約束をしていたとき、デビィはレニーが家を出る前と家に帰ったあと、電話を合計６回かけました。デビィはレニーな

しでは生きていけないと思うようになっていて、自分と会わなくて彼が寂しくなかったか、どうしても知りたかったのです。レニーは当惑しました。デビィを愛しているけれど、数日会わないほうがいいとデビィに言いました。次の日の真夜中にデビィが、「もう愛していないなら自殺する」と電話をかけてきたとき、レニーは今までの人生で経験したことがないほど怖い思いをしました。

レニーとデビィの関係性は、ロマンチックな愛から依存的な愛へと変わってしまったのです。

依存的な愛の兆候

- 相手がいなければ生きていけないと考える
- いっしょにいて楽しいことが次第に減っていく。代わりに、謝ったり、約束したり、怒ったり、罪の意識を感じたり、恐れを感じたりすることのほうが増えてくる
- 前よりも、自分はだめな人間だと思うようになる
- 自分をコントロールすることが前よりも苦手になってきた
- 恋人の予定を聞いてから物事を決めたり計画したりする
- 別行動をしている間の時間を前よりも楽しめない。まるで、会えるまでの時間をつぶしているだけみたいだ
- 不安にかられた行為はしないと自分に言い聞かせても、そうしてしまう。(「電話はかけない」、「別行動をしていたときの行動を全部告白させるようなことはしない」)
- いくらいっしょに時間を過ごしても満足できない。相手をもっとコントロールしようとする

ワークシート

　自分と恋人との関係について書いてみましょう。あなたの愛は依存的ですか。自分の気持ちや書きとめておきたいことをメモしましょう。

8 デートDVが残す傷

The Scars Caused
by Dating Violence

彼女はいつも心配ごとをしていました。そして太っていたわけでもないのに、かなりダイエットしました。彼女は以前からの友人たちとはほとんど会わなくなりました。他の友だちも私も、彼女とはしばらく疎遠になっていました。　ロサ　18歳

　私は金髪で目は緑色で、体重は65kgでした。体操の選手でしたが、彼がもっと私と時間を過ごしたいと言うのでやめました。アンディとつき合い始めて2年後には、私は体重が125kgになっていました。外出することはまったくありませんでした。学校の勉強にもついていけなくなっていました。女友だちが1人、話し相手にいるだけでした。　匿名　14歳

　私は自信を失い始めました。成績が急に下がってしまいました。ストレスのせいでいつもお腹が痛かったり、気分が悪かったりしたので、学校をよく休みました。たぶんひどいうつになっていたんだと思います。いつも眠気がしました。いつもベッドで寝ていたいと思いました。すべてがどんどんだめになっていくような気持ちがしていました。　匿名　19歳

　デートDVをされている人、過去にされた経験がある人のことを、サバイバーと呼びます。あなたは今、この本を読んだり、デートDVについて学ぼうとしたりして、何らかの行動をとろうとしています。そしてもう生きていけないと感じたり、絶望して自分はほんとうにだめな人間だと思ったりしても、あなたは何度も希望と力を得て生きてきたのです。これからも生き続けて自分を守り、自分を大切にしていく道を見つけたのです。
　別にたいしたことではないと思うかもしれません。自分の強さを忘れて、自分を弱い人間だと考えることがあるかもしれません。でも今日こうしてこの本を読んでいるということは、あなたが強い人間だからにちがいありません。そして元気を取り戻すために自ら何かをしようとしているのでし

ょう。

　言葉によって傷つけられたり、いやな呼び方をされたり、殴られたりセックスを強要されたりすれば傷つきます。からだと心に長期的な悪影響を受けます。あなたは今もしかしたら、恋愛関係の中で次に挙げるようなデートＤＶの影響を感じていませんか。

身体的な傷

　からだに怪我の跡が残っていませんか。あざができていたり骨が折れていたりしませんか。縫うほどの傷はありませんか。身体的暴力をふるわれたことによる難聴や麻痺などの後遺症はありませんか。

外見

　恋人を嫉妬させないように、自分の外見に無頓着になっているか、過去に無頓着だったことはありませんか。だぶだぶで不恰好な服を着ていませんか。自分を魅力的に見せるのが怖くありませんか。性的虐待をされた場合は、自分や自分のからだに嫌悪感をもっていませんか。デートＤＶによるストレスや緊張のせいで、体重が大幅に増えたり減ったりしていませんか。

恥

　デートＤＶを経験した自分はどこかおかしいのではないかと、恥ずかしく思っていませんか。デートＤＶを自分のせいにしていませんか。デートＤＶがおきる前はそんなことはなかったのに、自分の判断力や能力や外見に自信をなくしていませんか。

恐れ

　恐れや不安を感じることがよくありますか。だれかがけんかしているの

が聞こえると、お腹が痛くなることはありませんか。恋人に似た人を見かけるとパニックになることはありませんか。暴力をふるわれたことを鮮明に思い出したり（フラッシュバック）、悪夢を見たりすることがありますか。だれといっしょにいても、ミスをしたりまちがった物の言い方をしたりしてしまうのではないかと、不安にかられることがありますか。恋人を細かく観察するのがくせになっていて、いつもその人のことを考えていませんか。

　すでに別れていても、何かされるのではないかと恐れを感じていますか。「もし俺と別れたら……をするぞ」などと脅されたことがありますか。別れた今でも、その人に脅されたりいやがらせをされたりしていませんか。

孤立

　まわりから孤立して１人ぼっちではありませんか。恋人に要求されて、家族や友人とは疎遠になっていませんか。恥ずかしく感じるようになり、ますます家族や友人を避けるようになっていませんか。デートＤＶのことを話しても信じてもらえないのではないかと心配で、友だちと会うのが不安ですか。デートＤＶを自分のせいにされるのではないかと不安ではありませんか。恋人が暴力をふるっていたとはいえ、２人の間には親密さと強い絆があることを友人たちに理解してもらえないのではないかと不安ですか。

恋人との関係を守ろうとする

　恋人との関係を言い訳するのは自分のためにならないとわかっていても、言い訳することがありますか。他の人に介入されるのをいやがったり、誰のことも信じなかったりして、疑い深くなっていませんか。

うつ的になる

　憂うつですか。つぎのことが当てはまりませんか。力が出なくていつも疲れていますか。涙もろかったり、感情の波が激しかったりしますか。寝すぎたり、眠れなかったりしますか。食生活に変化があったり、体重が増えたり、ダイエットをしているわけではないのに大幅に体重が減ったりしていますか。将来については何も考えが浮かばないことがありますか。自分には価値がない、自分の人生は意味がないと思いますか。自分の死や自殺を考えることがありますか。

ワークシート

　自分に残された傷について書いてみましょう。もしあなたがデートＤＶをしていた場合は、恋人に残した傷について書いてみましょう。

9 デートDVの傷を癒す
Healing from Abuse

この本に書かれているようなデートＤＶの影響を感じたり、他にもデートＤＶが残した影響を感じたりしているあなたには、元気を取り戻すための時間とサポートが必要です。からだと心を傷つけられたのですから、前の自分に戻るには時間がかかります。親や家族や友人やカウンセラーや、似たような経験をした人たちからのサポートが必要です。虐待的な考え方や行動をしない人たちの間で、そのちがいを感じとり、安心して自分が自分でいられるようにしましょう。デートＤＶをくぐり抜けてきた強さを生かして、自信を取り戻して、傷を癒せることをしましょう。デートＤＶをする人との関係を終わらせていれば、暴力をふるう恋人に対して自分のエネルギーを費やさなくてすむので、そのエネルギーを自分自身に注げるでしょう。

　暴力が深い影響を残すことがあっても、必ずその傷は癒せます。元の自分自身と元気を取り戻し、再び人を信頼できるようになれます。そのためには勇気が必要です。この本を手にとって読もうとしたときの勇気です。「私には勇気がある。絶対に傷を癒して元気を取り戻して見せる」と自分に言い聞かせてみてください。

梨の花一輪

09.5.26 梨の木舎 〒101-0051千代田区神田神保町1-42 T.03(3291)8229 F.03(3291)8090 nashinoki-sha@jica.apc.org

新刊『恋するまえに』
バリー・レビィー著
山口のり子・小野りか訳
定価1500円+税
ISBN978-4-8166-0904-6 C0037

中原淳一の絵を、母は大好きでした。一目見て、魅了されました。大きな瞳の、ほっそりした、美しい少女たち。スタイル画には、中原淳一風の美少女がいつも描かれていました。

わたしも小さい頃からそれを見て育ちました。一目見て、魅了されました。大きな瞳の、ほっそりした、美しい少女たち。いま改めて見るとその美しさには、意思の強さがあります。中原淳一展が今年の3月松屋で開かれました。会場に行けなかったのですが、関連の番組から、挿絵画家以外の姿をはじめてしりました。人形作家で、編集者で、物書きというマルチタレントだったのですね。淳一が、命をあたえた少女たちに託したメッセージは、「美しく生きる」「自分らしく生きる」でした。

彼女たちは、DVしない男の子と恋ができたでしょうか。

アメリカからいらっしゃった著者のバリー・レビーさんのお話は、しさをお聞きしました。バリーさんはカリフォルニア大学バーレー校の教授で、デートDV問題に関わる先駆者です。ご自身の娘さんのデートDVの体験を交えて話されました。──娘の様子が変わってきたことに、あるとき気づく。しかし、自分の子どもだからといって、親が行動を強制はできない。そのとき、先生はどうしたらいいのか。多くの人が戸惑うでしょう。

うまく答えは出てこないかもしれません。答えはひとつではないかもしれません。それぞれの子どもたちの育ってきた環境がちがうし、親きょうだいとの関係もちがう。地域社会との関係も考慮しなければいけないかもしれません。

不幸にして、デートDVを体験したとき、あなた自身はどうしたらいいのか。親たちはどうしたらいいのか。『恋するまえに』は、そのためにつくりました。

中原淳一の絵の美しい少女には、少女たちへの彼の"愛"があります。かれはこう言っています。

「美しい思想、よき思想を（若いたちに）与えなければ大人の価値がない」

バリーさんも山口さんの気持もそこにあります。わたしもそう思っています。若い皆さんに、お互いを傷つけあうのではなく、認めあう、素敵な恋をしてほしい、と。（はたやゆみこ）

有事法制下の靖国神社 ── 国会傍聴10年、わたしが見たと聞いたこと

西川重則著

978-4-8166-0901-5
A5判/212頁
定価2000円+税

著者は、1999年のいわゆるガイドライン国会から、国会開催中はほぼ毎回傍聴を続けている。以来ガイドラインが成立し、国旗国歌法が成立し、有事法制が成立し、戦争のできる国に着々と歩むこの国について、著者が見た「はだかの国会」の姿をつたえる。

わたしはとても美しい場所に住んでいます ── 暮らしの隣ですすむ軍事化 ──

基地にNO！―アジア・女たちの会編
石原理絵・木元茂夫・竹見智恵子／著

978-4-8166-0903-9
A5判/92頁
定価1000円+税

沖縄・高江のヘリパッド強行工事、北朝鮮の米軍基地増設、ジェット機訓練所、ヨコスカの原子力空母、ヨコタの米軍と自衛隊の合同演習、ハワイとワシントン州へ、日本の自衛隊が配備されたオスプレイとともに派遣されるのではやまない。日本の名護、沖縄、東北、日本海での米軍と自衛隊の一体化がおしすすめられたのだ。9条をもつ日本で、戦争への対策は進んでいるのか？──戦争のための基地がある鳥たちは静かに夜に満天の星空を見て子どもたちに残したい。

自衛隊ではなく9条を世界へ

高田健著

978-4-8166-0804-9
A5判/180頁
定価1800円+税

この国はおそろしいことに、すでに9条を持ちながらも「派兵国家」である。このまま行けば米英と並ぶ「派兵大国」になる日もそう遠くはない。
いま、日本にとって必要なことは「9条世界会議」が示したように、自衛隊の海外派兵ではなく、日本国憲法九条の実践であり、その世界化であろう。

シリーズ平和をつくる3
平和の種をはこぶ風になれ ── ノーマ・フィールドさんとシカゴで話す

ノーマ・フィールド／内海愛子著

978-4-8166-0703-5
A5判/264頁
定価2200円+税

「日本とアメリカ」の二つの社会にふれ生きてきたノーマさんと、アジアを歩きながら考えてきた内海さんの対話。ノーマさんの夫・ロジャーさん、母親・美登里さん、大学院生・美穂さんも加わり、多彩に日本とアメリカを描き出す。

10

別れる？　別れない？
Break Up or Stay?

私が別れなかった理由は、今はわかるけれど、とてもばかげた理由でした。彼が、暴力をふるう薬物中毒の人間に変わってしまったのかもしれないと気づく代わりに、初めて出会ったときの素敵だった彼のイメージにしがみついていました。変わってしまった彼は私を殴りました。変わってしまう前の素敵な彼のほうにしがみついていたかったんです。　キャサリン　17歳

　彼女から何をされるか心配だったというのがだいたいの理由です。彼女は変わるだろう、僕は強いし彼女が変われるように手助けしてあげられるはずだとばかり考えていました。　クリス　18歳

　彼と別れようとし始めました。でも彼はいつも私のところに来て「愛している。もう２度と君を傷つけるようなことはしないから」と言って泣きました。彼が泣くのを見ると、彼がこれまでに見せたやさしさや弱さを思い出し、何とか解決できるのではないかと希望をもちました。別れてもまた仲直りしました。泣かれても仲直りしないでいると、私や私の友人たちや母を痛い目にあわせると脅し始めました。自殺するとまで言い出したことがあります。　サリーナ　13歳

　デートＤＶがおきていると、混乱してどうしたらよいのかわからなくなってしまうでしょう。朝おきたとき、「もう我慢するのは今日で最後！」と思ったのに、「でも１人ぼっちになりたくない！」と思ったり、「私の赤ちゃんには父親が必要だ！」と思ったりします。朝おきたとき、「彼を愛している！　もう我慢はしない。でも別れない！」と思うこともあるかもしれません。

別れる決心をするのが難しい理由

　被害者はたいてい別れずに暴力を避ける方法がないか探ります。暴力は絶対にやめてほしいとはっきりとした考えをもっているかもしれません。暴力をふるわれることを自ら進んで選択する人はだれもいません。いやな呼び方をされたり、何かとても悪いことをしたと責められたり、殴られたり無理やりセックスさせられたりすることを好む人はいません。でも別れたいのかどうなのか、自分ではっきりとわからないことがあります。自分の人生を変えようと決心するのは、実に大変なことです。変えることができれば自信につながるでしょう。でも怖くてなかなかそうはできないかもしれません。人生を変えようとするのは、たくさんの勇気が要ることです。

　暴力をふるわれる関係を終わらせようとしても、不安にかられてできない理由はいろいろあるでしょう。1人ぼっちになるのが怖いですか。別れ話をすると、脅されたり暴力をふるわれたりするので怖いですか。自分を愛してくれる人はもう2度と現れないのではないかと不安ですか。もし恋人と性的な関係になっている場合は、男たらしだと思われるのが不安ですか。「別れたあと、相手と距離を置き続けるなんてできない」とか、「これからは自分に近づかないように、相手を説得するなんてできない」と思っていますか。「今よりも素敵な恋人をもつ価値は自分にはない（自分にはできない）」と思いますか。別れるのが不安なのは当たり前です！　別れることは、関係を続けて傷つけられるのと同じぐらい大変なことに思えて不安なのは当然です。

　関係を終わらせるのは、関係を続けるのと同じぐらい大変だと感じるかもしれませんが、実際は、関係を続けるほうがもっともっと危険です。長期的にみれば、関係を続けて繰り返しデートDVされるほうが、あなたをもっと傷つけます。

　あなたにはやさしくされる価値があります。そしてあなたには、人間と

しての尊厳を守ってもらう価値があります。あなたの人生です。あなたに決定権があって当たり前です。あなたには強さと勇気があります。これまでデートDVをくぐりぬけてきた経験を考えてみてください！

すぐに別れずに関係を続けた理由を聞かれて、女の子たちは次のように答えています。

- 暴力をふるっていないときの彼を本当に愛していました。変わってくれるだろうと期待していました
- 彼を理解できるのは私だけだと思っていました。彼には私が必要だと思いました。助けてあげられると思いました
- もうデートＤＶしないと彼はいつも泣いて約束するので、彼の言葉を信じました
- 彼は、私の友人たちにとても好かれていて、私たちの間に問題がおきていると認めるのは恥ずかしく思いました。関係がうまくいくように努力し続けました
- 私を殴るとか殺すとか脅すので怖かったです。私に新しい恋人ができたらその人にも手を出すと脅されました
- 彼とつき合えてラッキーだと思っていました。私とつき合いたいと思ってくれる人は他にはいないだろうと信じていました。私はブスで頭が悪いと本気で信じていました
- 学校が同じなんです。別れ話を持ち出したら彼の友だちからなんてひどいことをするんだ、とプレッシャーをかけられました
- 親からの期待とか学校でのプレッシャーなど、彼がいろいろ悩んでいたので、それが解決すればすべてうまくいくようになるだろうと思っていました
- 同棲したり結婚したりすれば、私を信じてくれて暴力はやむだろうと思っていました
- 別れようとしました。でも私にいやがらせをしたり、うつになったりしたので怖くなりました。それで別れるタイミングが来るまで、何ごともおこらないように努めました
- 彼との間に赤ちゃんができました。自分の子どもの父親と別れるなんてできるわけがありませんでした

女の子たちが別れを決意したきっかけ

　10代の人たちが、デートＤＶをする恋人と別れる決心をするようになる理由はさまざまです。多くの場合、完全に別れるまでには、何回か別れようと決心するようです。

　別れると決めたきっかけは何だったのでしょうか。

・ひどい扱いを受けるのは不当だと考えるようになったから

　友人や家族（姉妹、兄弟、両親）や他の人たちから、ひどい扱いを受けていい理由はないと聞かされたのがよかったです。

　警察と校長先生と裁判官が、私がされていたデートＤＶに対して、これは深刻な犯罪だと言ってくれたとき、自分がどれほどひどく傷つけられてきたのか気づきました。

　私がされていたことはまちがっている、感情的にも身体的にも傷つけられていて、こんな扱いを受ける理由は何もない、と何回も聞かされてやっと信じることができました。

・暴力がひどくなってきていると気づいたから

　暴力がひどくなってきていて、状況がよくなることはないだろうと気づきました。

　リチャードに鼻の骨を折られたとき、何かが私の中で変わりました。鼻の骨まで折られたということは、これからもっとひどいことがおきるにちがいない、と心の奥底で確信しました。

彼が変わってくれることを突然期待しなくなりました。彼は変わらないだろうと気づいたとき、もう彼を愛することはできませんでした。

・**失う物が多すぎると気づいたから**

突然、あまりにも多くの物を失ってしまったと気づきました。

母親の私が殴られるのを息子に見せてしまって、息子をだめにしていると気づきました。

私は将来に対する希望をもっていて、大学へいくつもりでした。でもボーイフレンドは嫉妬して、私が希望をもったり将来の計画を立てたりするのをやめさせようとしました。

デートＤＶがおきていたせいで、楽しいことをたくさん逃してしまいました。友人たちや他の同年代の子たちがすることを、私も自由にしてみたいと思いました。新しい友だちをつくったり、遊びに出かけたり、学校での行事などに参加したり、友人や兄弟姉妹と何かしたりしたかったんです。

・**どん底まで落ちたから**

足を引っ張られていると気づきました。どん底まで落ちてしまったときに、乗り越えることを決意しました。そしてそれは別れることを意味しました。

自分に目を向けてよく観察してみたら、自分がきらうような人に自分が

なってしまったと気がつきました。ボーイフレンドと別れて、ドラッグを使ったりお酒を飲んだりするのをやめるほかありませんでした。

・暴力を避けることはできないと気づいたから

　彼が浮気相手の女の子を殴ったり意地悪をしたりしているのを見て、暴力をふるわれるのは、私だからとか私が何かしたからではないんだとわかりました。私が特別悪いとか、そういうことで彼が暴力をふるうのではなかったんです。私が何をしても絶対に状況を変えることはできないんだから、彼の暴力から逃げなくちゃいけないんだと気づきました。

・家族や友人のサポートがあったから

　友だちや家族が励ましてサポートしてくれたおかげで、別れる決心がつきました。

　友人たちが、デートＤＶをしていた彼に対決してくれました。

　彼の暴力から身を守れるように家族が手伝ってくれました。家族は私の話を聞いてくれました。

・希望を持った新しい物の見方をするようになったから

　新聞で、ボーイフレンドからデートＤＶされていた女の子の話を読んで、私にも同じことがおきているんだと直感しました。この状況から抜け出すことは可能なんだと気づいて、希望をもちました。

学校の授業で、「女性や女の子たちと親密な関係」についての本を読みました。それについて話し合ううちに、私に何がおきているのか理解できるようになりました。おかげで前より強くなれました。

＊＊＊

　別れた女の子たちのほとんどが、相手がいなくても生きていけると思えるほど、前より自分に自信がついて別れました。将来のことや、どんな人生を送りたいかなど考えたり、デートＤＶのない人生を送ることを考えたりしています。そのような人生は可能なんだと希望を感じています。これは彼女たちにとって新しい視点であり、新しい自己イメージです。そして希望を感じたとき、彼女たちは、別れるだけの強さを自分の中に感じて、デートＤＶのない新しい人生を築き始めたのです。

ワークシート

あなたの気持ちや気づいたことを書いてみましょう。虐待されても離れられないのはなぜだと思いますか？

11

あなたがデートDVをされている場合はどうしたらいい?
What Can You Do if You Are Being Abused?

だれにも何がおきているか話せませんでした。恥ずかしかったからです。今は話せます。以前はそのときの痛みを思い出すのがいやでした。おきたことが夢に出てくることがありました。母に内緒にしておこうとしました。私は母と仲がいいけれど、話せないことが中にはあると思います。でも初めて彼から殴られたときに母に話していたら、それ以上殴られることはなかっただろうと思います。私に暴力をふるったらどういうことになるか、彼が気づいただろうと思います。匿名　18歳

　警察と裁判所が介入してくれてよかったです。刑務所から出てきたときに2人で話し合いました。彼はそれ以来私を殴ったことはありません。コンスエラ　19歳

　やっとちがう市の学校へ通うことになりました。デートＤＶがなくなったおかげで、少しずつ自分を信じることができるようになりました。マイクがいなくても楽しんだり物事を決めたりすることを覚えました。毎日マイクに会わなくてもだいじょうぶになりました。少しずつ自信がついてきました。マイクのガールフレンドという存在ではなく、自分は自分だと思えるようになりました。彼の行動があまりにひどかったので、彼から離れられました。彼が新しいガールフレンドとつき合い始めたころ、私は彼と会えないのがまだつらく感じていました。でも彼はもっと暴力をふるうようになっていました。新しいガールフレンドの部屋の壁を、こぶしで穴を開けてしまったんです。それまで私は、彼が暴力をふるってしまうほどの影響力があるのは、私だけと考えていました。　マージ　19歳

　診療所のソーシャルワーカーに打ち明けました。いつも私の話を聞いてくれていたので打ち明けられました。ソーシャルワーカーは、妊娠や彼の暴力を私のせいにしませんでした。デートＤＶがおきていることをだれも

信じてくれなかったのでほっとしました。ソーシャルワーカーに打ち明けることにしたのは、もううんざりだったからです。でも話すのはつらかったです。とても心が痛みました。話すことは事実を認めることだから。事実を隠そうとしても、表面とは裏腹に、私はほんとうに傷ついていました。そして打ち明けることでそれを認めることができました。カウンセリングを何度も受けたり、友人たちに私は悪い人間ではないと何度も言ってもらったりして、とても救われました。何度も何度もそう言ってもらわないとだめでした。そうしてやっと私は悪い人間ではないと信じることができました。　フェリシャ　18歳

　あなたの身の安全は守られるだけの価値があるし、あなたをそこまで深く傷つける恋愛はしなくてもいいのです。毎朝びくびくしながら目を覚ますのではなくて、のびのびとした気持ちで目を覚ます権利があなたにはあります。
　あなたには強さがあります。デートDVをされても、それをなんとかしようとしたときの強さを思い出してください。

・何か言ったり行動したりしたことで、さらに暴力をふるわれずにすんだときのことを思い出してください。
・だれかに打ち明けたときのことを思い出してください。
・何らかの方法で暴力を回避できたことを思い出してください。
・ひどい恐怖感と苦痛にもかかわらず、がんばり続けたことを思い出してください。

　心の痛みとからだの怪我を乗り越えてきたのだと考えたとき、あなたがいかに強い人間であるかわかって、あなた自身がびっくりすることでしょう。

その強さで身の安全を確保して、デートＤＶから解放されるようにプランを立てましょう。

鏡に映る自分に向かって、こう言い聞かせましょう。「殴られずに愛される権利が私にはある！　私は強くて勇気がある！　私には乗り越えられる！」

友人や両親や他の人たちみんなから、「別れなさい！」と同じアドバイスをされた経験はありませんか。これはデートＤＶやＤＶの被害者に共通した経験です。みんながこうアドバイスするのは、暴力がおきているのは理解できても、それ以外のことについて理解していないからです。デートＤＶされるのはいやだけれど、愛されたいし、うまくいっているときの親密さは失いたくないという気持ちを理解していないからです。あるいは、別れようとしたのだけれど、相手があなたを手放そうとしないので、何か危険なことがおきてしまいそうだと、あなたが考えていることを理解していないのかもしれません。

「あなたがデートＤＶをされている場合はどうしたらいい？」というこの章のタイトルを見たときに、「きっと他の人と同じように、別れなさいと言うに決まっている」と思いましたか。

前章でお話したように、別れるかどうか判断するのは簡単ではありません。いっしょにいたいという気持ちと、いっしょにいたくないという気持ちを、同じぐらい強く感じているからです。別れるか、それとも関係を続けるか、まだ決心がつかない場合、それでも暴力から身の安全を守るためにできることをしましょう。

別れると決心がついているけれど怖くて別れられないでいる場合も、関係を終わらせるために何かを実行した場合もそのあとも、暴力から身を守るためにできることをしましょう。デートＤＶやＤＶをする人は、相手に去られてしまうという思いにとらわれたときに、暴力をもっとふるうようになる、ということをすでに知っていると思います。

すでに別れた場合でも、身の安全を保ち続けて、デートＤＶの影響から回復できるようなことをしましょう。

別れようと決めた場合でも、
関係を続けようと決めた場合でも、
しばらく考えてみようと決めた場合でも、
すでに別れた場合でも、
身を守るだけの強さがあなたにはあることを忘れないでください。

身を守るためにできること

どうしたら身の安全を守れるでしょうか。どうすればがんばれるでしょうか。デートＤＶによる心とからだの傷を癒す第１歩を、どうしたら踏み出せるでしょうか。暴力から解放されるにはどうしたらいいでしょうか。

軽く考えないこと

感情的虐待、性的虐待、身体的虐待はすべて危険であり重大なことだと、デートＤＶをする相手に伝えましょう。あなたにはこれらの虐待をされない権利があります。これらのことをされたら我慢しないことを、相手にはっきり伝えましょう。もしＤＶ加害者プログラムやＡＡ（訳注：匿名で参加できるアルコール依存克服のためのサポートグループ）に通ったり、ＤＶ行動をしないことを要求したりする場合は、きちんと筋を通しましょう。たとえば、行動が変わらなければ別れると伝えてある場合、暴力的な行動を再びし始めたときにほんとうに別れなかったら、これからも暴力を続けても許してもらえるんだと相手は解釈するでしょう。

身の安全を守るプランを立てましょう

　別れる心の準備ができていない場合は、恋人が暴力をふるったときのためにセイフティプランを立てましょう。別れる心の準備ができている場合は、あなたを取り戻そうとして相手が感情的に爆発したりいやがらせをしたりするのに備えて、セイフティプランを立てましょう。暴力の標的にならないように何ができるか、いろいろと考えましょう。たとえば、身を隠せる安全な場所を確保したり、学校にいる間や行き帰りに1人きりにならないようにしたりしましょう。自分1人ではなく、友人たちや両親や兄弟姉妹や、近所の人たちや学校の人たちにも協力してもらってセイフティプランを立てましょう。両親やその他知っている人たちから孤立していたり、疎遠になったりしている場合でも、手を差し伸べてくれるかもしれません。身の安全を守るためには大人の協力が必要です。

　相手からの電話をとりたくない場合は、他の人にとってもらうか、留守番電話にしておきましょう。相手といっしょに出かける場合は、家に無事に帰れるようにいざという場合のプランを立てておいて、外出先はどこかをだれかに知らせておきましょう。相手の行動パターンについて知っていることや、その他の情報や知識を利用して、自分にあった計画を立てておきましょう。

自分を守る方法を学びましょう

　相手に暴力を許さないと明確なメッセージを伝える方法はたくさんあります。自分の安全をどうやって守るか考えるのは大事なステップです。大きな声ではっきりと自分を殴ることは許さないと伝えたり、セックスをしたくなければ「しない」と相手に言ったりしましょう。デートDVがおきていることを隠すのではなくて、まわりの人に言っておきましょう。護身術を習うのもよいでしょう。強さを身につけるとともに、自己主張をすることや、恐怖感に打ち勝つことを学ぶよい機会になるでしょう。

法的機関を利用する

　暴行、性的強要、レイプ——これらは不法行為です。あなたへの暴力は犯罪です。警察や学校の職員などに訴えてよいのです。あなたが未成年者でも警察に通報してかまいません。恋人が暴力をふるっている場合、以下の罪で告発することが可能です。
（訳注：日本でも、傷害罪やストーカー規正法などで訴えることができます。）

- ハラスメント
　いやがらせをしたり怖がらせたり不快感を与える目的で身体的接触をしたり、つけまわしたり、何度もしつこく電話をかけたりすること

- 過失傷害
　からだを傷つけたり、殺されたりするのではないかと怖れさせること

- 暴行
　意図して、あるいは不注意から怪我をさせること、またはさせようとすること

- 重罪に当たる暴行
　意図して、あるいは不注意から、武器を使ってからだに深刻な怪我をさせること、またはさせようとすること

- 強かん、あるいは強かん未遂
　暴力で強制的に性交する（膣にペニスを挿入すること）、または暴力を使うと脅して強制的にセックスすること

- 性的暴行

　暴力で強制的に、あるいは暴力を使うと脅して強制的に触る、こする、なでる、あるいは物を使った性行為をすること。または成人が未成年者に対して、触ったりこすったり撫でたりすること

- ソドミー

　強制的に肛門にペニスを挿入すること

- オーラルセックスの強要

　オーラルセックスを無理にさせたり、あるいはするよう強制したりすること

　米国では接近禁止命令を発行してもらうことも可能です。10代の人の場合は成人の助けがあれば可能です。接近禁止命令とは、裁判所が出す命令で、デートＤＶをする人があなたに近づけないようにするものです。この裁判所命令に違反した場合、警察はその人を逮捕することができます。民事裁判所に接近禁止命令を出してもらえるよう申請書を提出します。あなたが住んでいる地域ではどのような手続きを踏めばよいのか、近くのＤＶ電話相談センターに連絡してみましょう。
（訳注：日本では、ＤＶ被害者は地方裁判所に保護命令を申請することができます。保護命令には６カ月間の接近禁止命令と２カ月間の退去命令があります。しかし、日本のＤＶ防止法は配偶者に限定しているため、交際相手からの暴力に対する保護命令は申請することができません。）

デートＤＶがおきていることを大人に話しましょう

　デートＤＶの被害にあっていることを大人に話しましょう。両親に話すことから始めてください。１人で対応できる問題ではないので、問題解決

するにはサポートが必要です。同年代の友人たちに話せば、励ましてもらえたり、ひどい孤独感を感じないですんだりするかもしれません。それでも大人にも話さなければなりません。両親以外の家族や親戚が助けてくれたり応援してくれたりすることもあるでしょう。学校では、カウンセラーや保健室の先生、教頭や校長や担任の先生たちが助けてくれるかもしれません。アルバイト先の人や近所の人や友人の親が、助けになってくれることもときにはあります。だれか話せる人を見つけてください。

　そんな深刻な問題をあなたが抱えているとはなかなか信じてもらえないこともあるので、デートDVがおきていることを何回も話す必要があるかもしれません。あるいは、暴力がしばらくやんだので、もうだいじょうぶだと感じて話さなくてもいいと思うかもしれません。それでも何度も話してください。デートDVがおきてからしばらく時間が経っている場合は、親との関係が複雑になっているかもしれません。あなたの両親は、あなたを助けたいと思っているのにどうしたらよいかわからないのかもしれません。あるいは、あなたの恐怖感や恋人への想いを理解できないのかもしれません。もしかしたら、あなたに怒っているか、普段からあなたの問題に関わろうとしていないのかもしれません。でもまず、両親に何がおきているのか事実をそのまま話して、どうして恋人のことが怖いのか説明して、力になってもらいましょう。性的虐待や感情的虐待をされている場合は、なかなか説明できないかもしれません。特定の出来事について詳しく話してみましょう。この本をみせて、特にあなたの経験に当てはまる部分を読んでもらうのもいいかもしれません。

　両親に話す前にカウンセラーと話をする場合には、両親にどのように話したらよいか、カウンセラーといっしょに計画を立てましょう。両親が話を聞いてくれなかったり手を貸してくれない場合、傷ついたり怒りがわいたりするでしょう。デートDVがおきていても、そのままにしておいたほうがいいとさえ感じるかもしれません。でもあきらめないで、話を聞いて

くれる大人を見つけてください。

電話相談センターに連絡して情報収集しましょう

　ほとんどの地域には10代の若者向けの電話相談センターや、DV及び性暴力電話相談センターや緊急用ホットラインがあるはずです。米国には、全米DVホットライン（800-799-7233）があります。この電話相談センターはフリーダイヤル（無料）です。デートDVの被害にあった人だけでなく、デートDVをしている人や、デートDVをしてしまうかもしれないと不安に思っている人の相談にものってくれます。異性愛の人だけでなくて同性愛の人の相談にものっています。デートDVの問題を抱えている人の友人や家族からの相談にものっています。

　地元の電話相談センターの番号（訳注：米国の場合）は、電話帳で、「ティーン」「若者向け」「レイプ」「DV」「家族内暴力」あるいは「緊急」の欄に載っています。電話帳でみつからない場合は、電話番号案内に電話をかけてオペレーターに何を探しているか伝えましょう。どの欄にのっているか教えてくれるかもしれません。

　電話相談センターでは、訓練を受けたカウンセラーが相談にのってくれます。電話相談の受けつけ時間は、毎日24時間だったり、特定の時間だけだったりするので、電話をかけたときに聞いてください。感情的になっていたり、誰かと話がしたかったりしたときにカウンセラーが力になってくれるでしょう。聞きたいことや情報が知りたいときにも役立つはずです。家の近くのカウンセラーや法律相談センターや、サポートグループを見つけたいときなども、どうしたらよいか教えてくれるでしょう。あなたの名前はたいてい尋ねないし、尋ねても名字ではなく名前だけです。だからあなたが電話をかけたことは、だれにもわからないので安心して話せます。（訳注：日本では、県や市のDV被害者相談支援センター、あるいは民間のDV被害者支援団体に相談してみてください。児童相談所や警察も試してください。デートDVを

理解していてあなたを適切に支援してくれる人に、最初から出会えないかもしれませんが、あきらめないで支援を得るよう務めてください。）

カウンセラーやサポートグループを見つけましょう

　デートＤＶに詳しいカウンセラーに話をすることで、混乱してしまった感情を整理して、デートＤＶに対してもっと強くなれるでしょう。カウンセラーはあなたがトラウマから回復する手助けをしてくれます。似たような経験をした人たちと話す自助グループの集まりに通うことで、孤独感をあまり感じなくなるでしょう。デートＤＶがおきていたり、デートＤＶをする相手と別れたばかりだったりした場合、毎日の生活でおこりうる問題にどう対処したらよいか学べるでしょう。

　学校のカウンセラーや保健室の先生や友人、あるいは地域の10代向けホットラインやＤＶ電話相談センターに連絡すれば、カウンセリングが受けられる場所を教えてくれるかもしれません。学校にカウンセリングセンターがある場合は、学校でカウンセラーが見つかるかもしれません。

（訳注：日本の学校にもスクールカウンセラーが配置されるようになりました。また民間団体などでデートＤＶの被害者を支援しているところが近くにないか探してください。東京だったらレジリエンスという団体をお勧めします。http://www.resilience.jp/　info@resilience.jp）

> あなたがデートDVをされていたら：
>
> ・軽くみないこと
> ・相手に暴力をやめるべきだと伝えること
> ・セックスをしたくない場合ははっきりと言うこと
> ・身の安全を守るプランを立てること
> ・両親や信頼できる大人に話すこと
> ・警察やその他の機関に通報すること
> ・電話相談に連絡すること
> ・カウンセラーやサポートグループをみつけること
> ・友人たちに話すこと
> ・自分に自信がつくようなことをすること
> ・護身術を習うこと

デートDVをされたことのある10代の人たちからのアドバイス

　1度初めてボーイフレンドから殴られたら、そのときが別れるチャンスだと思います。その場ですぐに交際をやめるべきです。もう2度とおきないだろうと考えると、そう考え続けるはめになってしまいます。そしてそのうち、もう取り返せないようなことがおきてしまいます。　匿名　18歳

　完全に彼とは接触しないこと。もしそれが電話番号を変えたり、引っ越ししたりすることを意味するならそうしてください。　ドン　18歳

　私は勉強をしたいし、何か仕事に就きたいです。このまま行きづらまらないように、いろいろなことを学ばなければなりません。もし彼がまた暴力をふるったら、今回は絶対に別れます。自分の将来について考えるようになったんです。あなたが彼と別れないでいるのは、彼や彼の友人のことが

怖いからかもしれません。もしかしたらお金も行き場所もなくて、別れようがないのかもしれません。大事なのは学校へ行くことです。職業訓練を受けたりしてください。自信を持って、そして友人たちや他にも虐待をされた経験のある人たちと話をしてください。　コンスエラ　19歳

　他の女の子への私からのアドバイスは、あなたを殴ったりコントロールしたりするのをやめるよう相手に言うことです。「もし私が何かしてそれが気にくわないならそう言って。自分らしくいさせて」と言ってください。恋人にデートＤＶをされて気がついたのは、殴り返したり相手を傷つけることで対処しようとしても、状況は悪化するだけということです。そんなふうにはならないでください。相手から離れることが必要だったらそうしてください。　メイベル　19歳

　私は彼とつき合ったことを、恥ではなく誇りをもって振り返ることができます。自分の勇気を誇りに思います。勇気があったからこそ強くなれたのです。デートＤＶに対して「いやだ！」と言える強さがあったことを誇りに思います。若かった自分を振り返ってみたとき、暴力よりももっとよいものを得る権利が自分にはあるはずだと、頑張り通した若い闘士のように見えます。幸せと自尊心につながらないことは受け入れないで、自分を大切にする人間に成長したと思います。　マージ　18歳

デートDVをやめた男の子たちから、デートDVをされた女の子たちへのアドバイス

　別れてだれかちがう人を見つけてください。いつも殴るような人とつき合う必要はありません。　ポール　18歳

　別れるよう勧めます。デートＤＶする人は、自分に問題があることに気

がついて、変わりたいと思わないかぎり変わりません。　ルイス　17歳

　警察に通報してください。　バリー　18歳

　怒りをぶつけ始めたらそばに寄らないでください。相手が家の外へ出たり、距離をとって冷静になろうとしたりしたら、そうさせてあげてください。　レナード　16歳

　女の子がセックスをしたがらないときは、セックスをしてはいけないと学びました。無理やりするのは正常なことではないです。彼女が泣いてやめてと言ったりして怖がっているのに、かまわずセックスさせるのは病的だと思います。レイプです。女の子たちにはこれを普通だと思わないでほしいと言いたいです。　アルバート　17歳

ワークシート

感想や気づいたことを書きましょう。自分の行動プランを考えて立ててみましょう。

12 あなたがデートDVをしている場合はどうしたらいい?
What Can You Do if You Are Abusive?

父が母のことを殴っていたので、ぜったいに女の子は殴らないぞ、と思っていました。でも主導権を握らなきゃいけないと思い、彼女をコントロールしました。彼女のことをなかなか信頼できませんでした。彼女に手を上げたり殴ったり平手打ちしたりしていました。彼女のことをだめな人間だとか、男好きだとか言いました。首を絞めて殺すぞと脅したこともあります。今カウンセリングを受けて、自分の問題に取り組んでいます。彼女と話し合うことも学んだし、怒りがわいたときはタイムアウトをとることも学びました。彼女がどんな思いをしているのか考えることができるようになりました。　ポール　18歳

　言うことと反対のことをして、彼女を混乱させて感情的に虐待しました。彼女の服装や行動や友だちづき合いについてもコントロールしました。僕たち不良仲間がいじめただれかを指差して、同じことをみんなでお前にもするぞと脅しました。今では、暴行したら、例えば刑務所へ入れられるなど、どのような悪い結果になるか考えます。彼女にどんな影響を与えるかも考えます。　ルイス　17歳

　あなたが暴力の問題を抱えていたり、感情的虐待や性的虐待をしたりしている場合、大切に思っている人を傷つけてしまわないように、どうやったら行動を変えられるか、方法を見つけなければなりません。
　だれかを傷つけてしまわないように、怒りをコントロールすることはあなたにもできます。他の人が何をしようとも、暴力ではない行動を選択できるのです。自尊心をもって行動し、相手を敬って行動するという選択肢があるのです。
　恋人も含めて、だれかにいやがらせをしたり、攻撃したりするのは法律に反します。だれかにいやがらせをしたり、攻撃したり、性的暴力をふるったりすると、重大な結果がもたらされます。学校を退学させられたり、

逮捕されたり、刑務所へ送られることもあります。

あなたにも暴力をやめられます

暴力をふるわないようにするにはどうしたらよいでしょうか？

自分に問題があることを認めましょう

　暴力の問題を乗り越えるための第一歩は、自分が問題を抱えていて、もう虐待的な行動はしたくないと思っていることを、自分とまわりの人たちにはっきり言うことです。恋人にきらわれたくなくて、自分の暴力をコントロールしたいなら、それも第一歩だと言えるでしょう。

　でも、恋人にふられても、ふられなくても関係なく、自分のために暴力をやめたいと思うのでなければなりません。自分を変えるのは大変です。勇気がたくさん要ります。冷静で自分に自信があって、自分をコントロールできて、自分を受け入れていて、責任を転嫁しない、そんな将来の新しい自分のイメージを頭に浮かべるとよいでしょう。もっとよい人生が送れる、これまでとはちがった自分になれる、と心から感じましょう。

　殴らない、無理にセックスしたり強要したりしない、感情的に攻撃したり操ったりしない、と自分に約束しましょう。

カウンセラーやサポートグループを見つけましょう

　カウンセリングを受けることで、自分の問題や感情を理解できるようになるでしょう。だれかを傷つけることなく自分の怒りに対処する方法を学べるでしょう。自分の行動パターンを認識できるようになります。そうすれば、コントロールを失う前に、自分を止める方法を見つけることができるようになるでしょう。恋人に共感して、ひどい扱いをしたら相手はどんな気持ちになるか理解できるようになります。

　カウンセリングを受けることで、自分の感情について気づき、なぜデー

トDVをしてしまうのかを理解できるようになるでしょう。

　同じ問題を抱えている人たちのグループに参加すると、他の人たちが親密な関係の中でおこるさまざまな状況にどう対応しているのか学べます。女の子とどう接したらよいか、物事が思うように運ばなかったらどうしたらよいか、ストレスや怒りにどう対処したらよいかなど、グループの他の男の子たちからアドバイスがもらえるでしょう。

（訳注：アウェアはDV加害者のための教育プログラムを実施しています。デートDV加害者の若い男性も参加しています。http://www.aware.cn　aware@par.odn.ne.jp）

ＡＡや薬物依存克服プログラムに参加しましょう

　暴力の問題に取り組もうとするなら、薬物やアルコールに依存するのをやめなければなりません。暴力をアルコールのせいにしているようなら、酒を飲むのをやめて暴力と直接取り組まなければなりません。責任を認めてください。酒や薬物をやめれば、「自分に問題があり、解決しなければならない」ときちんと認められるでしょう。そして問題から逃げるのではなく、問題解決へ向けて取り組むことができるようになるでしょう。

デートＤＶについて学びましょう

　親密な関係の中でおきる暴力について、それを乗り越えた人たちや、被害者に与える影響などについて本を読んだり、他の人たちと話をしたりしましょう。テレビ番組や映画から学ぶのもよいでしょう。自分の経験を理解できるよう、できるだけたくさん学びましょう。

　自分の暴力を反省するということは、自分の態度や考え方を改めて、女性やデートＤＶをしてしまった相手を尊重することを学ぶ、ということです。暴力に対する考え方を、暴力は許さないという考えにまで変えていくということです。

変わることができた男の子たちからのアドバイス

　なんとか助けを得てください。暴力の問題をもっている人向けのグループに参加してください。何かがおきて自分の人生やだれかの人生を台無しにしてしまう前に、立ち止まって考えてみてください。感情を否定しないでください。　アレン　18歳

　セックスの間、女の子を尊重して楽しませてあげるのが「本物の男」です。「本物の男」は強要したり、だましたりしてセックスするようなことはしません。自分が「本当の男」かどうか考えてください。　バリー　18歳

　ガールフレンドに自分が何をしているのかよく考えてみてください。自分を彼女の立場において考えてみてください。デートＤＶをされてうれしいと思いますか。　ポール　18歳

　自分がだれかにコントロールされているのではありません。自分で自分をコントロールしなければいけません。自分で選択しているんです。仕返しをするのはいけないことです。　レイ　18歳

　どんな結果になるか考えてください。　デイビッド　17歳

　言葉の暴力から始まり、からだへの暴力につながるサイクル、これを好きな人に対してするのがデートＤＶです。　スティーブ　20歳

　手に負えなくなる前にその場を離れてください。それができないなら、自分が変われるように助けを得るべきです。女性を殴るのは正しいことではありません。　ギルバート　17歳

あなたがデートDVをしていたら：

- 自分はデートDVの問題を抱えていると自分に言い聞かせましょう
- レイプしたり殴ったりぜったいにしないと自分に約束しましょう
- 電話相談センターに電話しましょう
- カウンセラーやサポートグループを見つけましょう
- 両親や友人や他の大人に自分の問題について話しましょう
- デートDVについてできるだけ学びましょう
- ＡＡや薬物依存克服のためのサポートグループに通いましょう
- 女性を大切にしましょう
- 自分を大切にしましょう。デートDVをしない選択をする力があなたにもあります

ワークシート

　感想やメモを書きましょう。デートDVの問題にどう取り組むのか、行動プランを立てましょう。

13

友人がデートDVされている場合はどうしたらいい?
What Can You Do if Your Friend Is in an Abusive Relationship?

友だちのボーイフレンドが怒って感情的になったとき、私もその場にいました。彼はどなって友だちのことをバカとかまぬけとか言い始めました。そして車の中に友だちを押し倒すと、平手でたたき始めました。友だちは怖がって、なんとか彼をなだめようとして「愛している！」と言いました。私は頭にきて、「彼女は何も悪いことしていないんだからやめて！」と叫びました。私のボーイフレンドも止めに入りました。彼の腕をつかんで冷静になるように言いました。ガールフレンドにそんなことするもんじゃないと言いました。そのあとで私たちは彼女と話をして、彼に殴る権利はないと何回も言いました。　メルセデス　19歳

　はじめは彼にその場を離れるよう説得しました。でも耳を貸そうとしませんでした。僕はどうしたらよいかわからなくて、とりあえず彼のそばについていました。　ロイ　18歳

　友人が走って助けに来てくれました。彼女がいなかったら死んでいたかもしれません。いくら抵抗しても、彼は私の口を手でふさいで息ができないようにしました。友人が私を学校まで連れ戻してくれました。そして私が提訴しないなら彼女が自分ですると言いました。　サリーナ　13歳

　友だちがデートＤＶにあっていたら、どんなサポートができるでしょうか？

自分の身にデートＤＶがおきていることを認められるよう支援しましょう
　友だちの身におきていることについて質問したり、いっしょに話したりしましょう。デートＤＶは正常ではないということや、デートＤＶがおきているサインを認識できるようにサポートしましょう。たぶんこれからももっとひどくなるだろうと伝えてください。

友だちの強さを認めて支援しましょう

　友だちが自分のためになることを何かしていたら、それを認めましょう。友だちの強さや勇気を応援しましょう。ボーイフレンドとは別に、友だちといっしょに何か楽しいことをするよう励ましましょう。

決めつけて判断しないようにしましょう

　暴力は怖いけれど、恋人をもつことで得られる愛や安心感はほしいという、２つの感情の間で混乱していることを理解する努力をしましょう。友だちが交際を続けたがり、別れたり仲直りしたりするのを繰り返している場合、それが悪いことだとは言わないようにしましょう。あなたの身の安全と自尊心に影響が出るのが心配だ、と言いましょう。暴力を自分のせいだと考えないように、と伝えましょう。恋人がどんな言い訳をして暴力をふるっているか、友だちがそのことを認識できるように手助けしましょう。（デートＤＶする人は相手の責任にしています。）

セイフティプランを立てるのを手伝いましょう

　友だちが自分の身を守ることを中心に考えられるようにサポートしましょう。友だちは恋人の行動パターンや、身を守るために利用できそうな場所や情報を知っています。その知識を、恋人が感情的になったり、殴ったり、言葉の暴力を使ったり、性的虐待をしたりするときに、実際に役立てられるように手助けしましょう。たとえば、いっしょに登校したり、ボーイフレンドが脅すような行動をとっているときには、家に泊めたりしましょう。

話を聞きましょう

　友だちが恋人と別れたのにまた仲直りしても、話を聞きましょう。肯定的な態度をとりましょう。デートＤＶされている人は、特に友人からの支

えがあれば、最終的には関係を終わらせることができるでしょう。

友だちが関係を終わらせた場合にも、続けてサポートしましょう
　暴力がおきている関係から完全に抜け出すには時間がかかります。友だちがさみしがっていたり、怖がっていたり、自分に自信を失くしていたりする間、常に連絡を取り合うようにしましょう。デートＤＶされている友だちは、よりを戻すことを考えたりすることがあります。別れた相手に会いたがったり、仲直りしたほうがいいというプレッシャーに負けてしまいそうになったりしているかもしれません。

大人に話して友だちが助けを得られるようにしましょう
　親やその他の大人に話すことについて、その友だちと話し合いましょう。カウンセラーに会うときについて行ったり、サポートグループへいっしょに行ったりしてもよいでしょう。友だちが大人に話したがらない場合は、あなたが信頼して話せる大人を探してください。自分の両親や学校のカウンセラー、保健室の先生や学校の先生たちに聞いてみてください。大人が介入して手を差し伸べてくれるように助けを求めてください。できれば友だちの両親に、デートＤＶがおきていることを話してください。友人の両親が、デートＤＶがおきていることを知っているとは限りません。

あなたが恐怖感や失望感をもつようになった場合は、友だちや家族やその他の大人からサポートを得てください
　デートＤＶについて学びましょう。友だちを救うことはできません。自分の人生を放り出してまで、友だちの世話をすることはできません。でも友だちがデートＤＶを乗り越えようと波にもまれている間、自分もサポートを得ながら冷静に待つことができれば、友だちを支えることになります。

14

あなたにもお互いに尊重し合う交際ができる

You Can Have a Healthy Relationship

アンディと別れてから、少しずつ肩の力を抜いて過ごせるようになりました。だれといても、自分が言いたいことを言えるようになりました。新しいボーイフレンドは、私が動揺していると肩を抱いて泣くままにさせてくれます。私をバカにするようなことは1度も言ったことがありません。ましてや私に手を上げるようなことはけっしてありません。安心してけんかできます。めったなことでは怒らない人です。　匿名　14歳

　対等・平等で相手を尊重する関係であれば、交際している男の子と女の子は、お互いの気持ちを考えながら、いっしょに物事を決めたりコミュニケーションをとったりできます。意見がくいちがっているときでも、けんかをしたり話し合ったりできます。意見が衝突したときは、譲り合って解決します。お互いに求めることを2人が納得して満たし合えるように、歩み寄る方法を探します。どちらかが感情的になったり短気をおこしたりしたときは、冷静さを取り戻して暴力をふるわないようにできます。例えばリンダは次のように話しています。

　「クリスマスは僕の家にぜったいに来てほしい」とジョンに言われて、私はとても腹が立ちました。私も彼も、2人とも腹を立てていました。私は彼といっしょにクリスマスを過ごしたかったけれど、自分の家族とも過ごしたかったんです。話し合って最終的にはまるくおさまりました。クリスマスイブは私の家族といっしょに過ごして、クリスマスは彼の家族と過ごしました。

　どちらかが相手の行動や言葉に傷ついた場合は、そのことについて話ができるでしょう。どちらも、謝まることでプライドが傷つけられたような気持ちになることはないでしょう。怖いから謝る、ということもないでしょう。どちらかが1人で時間を過ごすか、別行動をしたがったら、もう片

方はそれを受け入れられるでしょう。トーマスは次のように話しています。

　学校から帰ってすぐや、イライラしたときは、１人でテレビを見てしばらく落ち着きたいんです。ジュディといっしょに学校から帰ったときは、「またね」と言います。ジュディは学校が終わると、たいてい僕といっしょにすぐどこかへ遊びに行きたがるけど、そう言うとわかってくれます。あとからいっしょに遊ぶほうがいいんです。そうやって無理しないほうが、嫉妬したり感情的になったりすることがないからいいんです。

　もしどちらかがセックスをしたくて近づいても、相手がセックスをしたくない場合は話し合ってやめます。ふたりで始めたとしても、片方がそれ以上したくなければ途中でやめます。そうできればどちらにとっても心地よく感じられるようになります。セックスの途中でいつやめてもよいと、２人とも安心して思えるようになります。ジョシュは次のように言っています。

　彼女がどうしてもフェラチオができないと言って泣き始めたので、僕は彼女を抱いて、したくなければしなくていいと言いました。

　対等・平等で相手を尊重する関係であれば、相手は自分を理解してくれると信頼していられます。エイズや妊娠から身を守るためにお互いに話し合えます。お互いに尊重されて大切にされていると感じられます。
　いっしょにいて楽しいけれど、別行動をして楽しいことをしてもかまわないと、お互いに感じられます。自分の考え方や行動がまちがったからといって、それを理由にひどいことをされるなんて心配もしません。バレリーは次のように言っています。

どうしたらよいかわかりませんでした。遅くなるのはわかっていたのですが、リサに知らせようとしても連絡がとれませんでした。とても怒るだろうなと思って怖かったんです。リサの前につき合っていたガールフレンドからは、ちょっとしたことでいつも攻撃されていたからです。リサは怒って心配していました。そしてどれだけ怒っているか言葉にしました。でもどうして遅れたのか説明すると、聞いて信じてくれました。たった１分でことがおさまりました！

　対等・平等で尊重し合う関係であれば、恐怖感をもつことはないはずです。お互いを信頼しています。学校でよい成績をとったり、スポーツやクラブ活動などがうまくいったりしたら、それをうれしく思います。相手に友だちがたくさんいることも、趣味を持っていることも、将来の夢があることもうれしく思います。トゥルーディはこう話しています。

　私がアルバイトを見つけたときに、私の同級生の男の子がそのアルバイト先で働いていて、「どんなところかいろいろと教えてくれたので安心した」とボーイフレンドのジェイムスに言いました。すると彼は、「知り合いがアルバイト先にいてラッキーだったね」と言ってくれました。

　対等・平等で尊重し合う関係であれば、相手の行動を制限したりコントロールしたりしようとはしません。自分が不安になるからといって、相手にしたいことをさせないなんてことはありません。お互いを支えて励まし合います。セルマはこう話しています。

　トニーの一番好きなところは何だと思う？　私の味方だというところ。これから数年間の大学生活は大変だと思います。でもトニーは一歩一歩を応援してくれる。私たちはお互いを応援し合っています。

ワークシート

気持ちや気づいたことを書きましょう。対等・平等で尊重し合う関係はどんな感じがする関係か書いてみましょう。

15 保護者へのアドバイス
Advice for Parents

10代のわが子が恋人から殴られたり、性的虐待や感情的虐待をされたりしていると知ったら、親は強硬な手段をとって、わが子の人生から加害者を消してしまいたいという気持ちに駆られると思います。強い怒りを感じ、わが子の身の安全を心配し、すぐにでも守りたいと思うでしょう。それは理想的です。しかし実際は、本人にデートDVから逃げ出す心の準備ができていなければ、強硬な手段をとっても効果はありません。
　下に挙げる例では、被害者を女の子、加害者を男の子と仮定します（統計的にみて一番多い組み合わせです）。しかし被害者が男の子であったり、加害者が女の子であったりもしますし、異性愛だけでなく同性愛でもデートDVはおきます。
　心配なことがいくつもあって、いったいどれから先に解決したらよいかわからなくなってしまうかもしれません。わが子への願いが、次のようにいくつか頭に浮かぶのではないでしょうか。
・デートDVをやめてほしい。別れてほしい。
・身の安全をできるだけ確保してほしい。自分の身を守ってほしい。
・加害者の影響力から逃れてほしい。
・暴力や脅しが家族全員を怖がらせているのでやめてほしい。
・家庭生活に悪影響を与えるのをやめてほしい。
・心の傷を治して元気になってほしい。

　子どもが加害者と別れられない、あるいは別れようとしない場合でも、デートDVへの対応策として、保護者ができることはたくさんあります。助けの手を差し伸べたいなら、子どもとの連絡は絶やさないでください。絶ってしまうとますます子どもは孤立して被害にあいやすくなります。
　デートDVの危険性と、デートDVが子どもに与えているダメージについて、率直ではっきりとした態度でのぞんでください。親子の強い絆を保ちながら、制限を設ける必要があります。しかし、責めたり、強く批判し

たり、罰したり、禁止したり、コントロールしたりはしないでください。恋人からも親からもコントロールされてしまったら、被害にあっている子どもは安心して自分で考える機会が奪われてしまいます。行動を見張ったり批判したりしたら、子どもにどんな影響を与えるか考えてください。その子は恋人から同じことをされているのです。

　10代の子どもをコントロールすることはできません。しかし親の立場でよい影響を与えたり、子どもが困ったときに頼れる存在になったりすることはできます。一歩引いて話を聞くよう自分に言い聞かせてください。力の衝突は避けましょう。あなたと子どもの間に緊張感が生じてしまった場合には、冷静に話を聞き、子どもの言ったことや感じたことをきちんと理解したか聞き直し、思いやりのある反応をしましょう。

　子どもが恋人との関係に引きずられてしまわないように、生活のさまざまな場面で、子どもが強さを身につけて長所を育めるようサポートする必要があります。デートＤＶがおきているにもかかわらず、何かうまくいっている点があったらそれを認めて支えましょう。家族や子どもの友人、近所や学校の人たちみんなに、子どもに関心をもって見守ってもらい、サポートしてもらいましょう。わが子との関係を強めましょう。オープンに話せるようにしておくことは、子どもにとって、身の安全を守る唯一の頼みの綱になるかもしれません。

　社会や宗教の価値観や考え方が、デートＤＶに対する親の気持ちや反応に影響を与えることがあります。そのような影響が障害となって、デートＤＶをされている子どもを、家族が助けようとしてもなかなかうまく対応できないことがあります。理解できなかったり、助けるための選択肢が限られてしまったりするからです。反対に社会的な伝統が家族を大きく支えることもあります。子どもの身の安全を守る上で障害となる考え方やしきたりを、改めて考え直すことが大事です。保護者がわが子のためにデートＤＶに自ら介入していけば、子どもは自分の尊厳を守ってもらう権利があ

るということや、デートＤＶをされるのは不当だということや、どの社会においても、デートＤＶを含めて虐待はけっして許されないということを学ぶでしょう。まわりから得られるサポートが大きな力となり、子どもの家族と地域社会の絆を深めることにつながるでしょう。そしてそれが、加害者の影響力を弱めることにつながるかもしれません。

　デートＤＶは、家族全員に感情面で大きなストレスを与えます。子どもは恋人とくっついたり離れたり、別れたり仲直りしたりをくり返しているのではないでしょうか。彼が虐待行動をしていないときは親密さを感じ、暴力をふるわれると別れて、謝られるとまた仲直りをするのです。子どもと恋人との関係がよくなったり悪くなったりするのに合わせて、保護者と子どもとの関係にも波がおきるでしょう。子どもの極端な変化に保護者が注意を注いでいる間は、他の家族とのコミュニケーションがうまくいかないかもしれません。

　家族が状況を理解して、デートＤＶされている子どもを守り、デートＤＶが生み出す混乱から自分たちを守れるようになったきっかけについて、デートＤＶの被害にあった娘をもつビクターが話してくれました。

　エミリアを家に閉じ込めておくことはできませんでした。でもエミリアの感情の浮き沈みの激しさに、家族全員が消耗していました。デートＤＶのことをしばらく忘れる必要がありました。妻のロサと私は話をしました。そして毎週家族みんなで何かをしたり、夫婦２人で何かをしたりすることにしました。娘２人の両方と話す時間をつくりました。何が何でも、家族いっしょの生活の楽しさを取り戻そうとしたんです。みんなで映画を観に行ったりしました。エミリアもいっしょに来て楽しむことがありました。

　エミリアは家族のサポートのかいあって、ボーイフレンドと別れることができました。わが子がデートＤＶの被害にあったら、保護者はセイフテ

ィプランを立てたり、関係を終わらせる準備をしたり、別れない場合は交際中どのようにして身を守るのか考えたり、子どもが自分の力で状況に応じて対処できるように支えましょう。加害者の性格や行動パターンをだれよりも知っているのは子ども自身です。だから別れたり身の安全を守ったりするのに、一番安全な方法は何か、子どもは自分で判断できるはずです。別れようが関係を続けようが、身を守る方法はあることを、もしかすると子どもはこの本を読んだり、保護者から教わったりしなければ知らないでいるかもしれません。別れようとする場合は、加害者との接触をきちんと断つことができるかどうかが一番心配です。そのとき加害者は感情的に不安定になる可能性があります。子どもが加害者に連絡をとらないようにすることと、加害者が子どもに接触できないようにすることの2点に焦点を当ててセイフティプランを立ててください。

　デートDVがおきている関係を終わらせようとしても、加害者のもとへ戻ろうとしてしまう人たちがおおぜいいます。特に加害者の感情の激しさや、ひどく苦しむ様子に引きずられます。関係が終わったからといって、もう子どもをサポートしなくていいとは考えないでください。継続的にサポートする必要があります。別れたあともずっと、加害者から心理的な影響を受けやすいし、暴力にさらされる危険性があります。デートDVを通して経験した恐怖感や孤立感を抱えています。自尊心を失い、心に傷を負った状態を乗り越えるための助けが必要です。トラウマから回復するために、カウンセリングを受ける必要があるかもしれません。

　心に傷と痛みがあっても、子どもはきっと元気をとり戻すでしょう。そして家族には、このような経験を乗り越えて回復する力が備わっています。デートDVは、親が直面する問題の中で最も困難な問題です。それでも保護者としてのあなたの中には力と知恵が潜んでいて、その困難な問題を乗り越えることができるのです。

16

セイフティプランを立てる
Safty Planning

身の安全を守ることが一番大事です。次はそのためのヒントです。読んで自分に合ったセイフティプランを立ててください。

だれかと交際している場合……
- はじめてだれかとデートする場合、はじめの何回かはもう1組のカップルといっしょに出かけましょう。
- デートへでかける前に、その晩どこへ行くのかしっかりと把握して、居場所や帰宅時間がいつごろになるか、親や友だちに伝えておきましょう。
- 酒やドラッグに影響されると、反応や判断がすばやくできなくなるので注意しましょう。
- パーティのあとでよく知らない人といっしょに帰る場合、だれと帰るのかまわりの人に伝えておきましょう。友だちに頼んで、無事に帰宅したか確認する電話を自宅にいれてもらうといいでしょう。
- 必要があれば自分の考えをきちんと言いましょう。しっかりとした率直な態度で相手に接しましょう。
- 直感を信じましょう。ある状況にいて、いやな感じがしたら、冷静にどうやったらその状況から抜け出せるか考えましょう。

デートDVが今自分におきていたら……
- 重要な電話番号がすぐにわかるようにしておきましょう。親の電話番号以外にも、警察、電話相談センター、他の家族や親戚、そして友人などにすぐ電話がかけられるようにしておきましょう。
- デートDVがおきていることを話せる友人や近所の人はだれでしょうか。怪しいことがあったり、怒鳴り声や暴力をふるっているような大きな音が聞こえたりしたら、警察を呼んでくれるよう頼んでおきましょう。暗号を前もって考えておいて、助けてほしいときに使えるようにしておきましょう。

- 家で恋人といっしょにいるときや、その他の場所でいっしょに時間を過ごすとき、どうやったらその場所から安全に抜け出せるか考えましょう。その場を抜け出す練習をしておきましょう。
- 家の中で、出口があって武器になる物が置いていない安全な場所はどこか、確認しておきましょう。暴力をふるわれると感じたら、相手をその場所へ誘導しましょう。
- 別れるつもりがなくても、身の安全を確保するために行ける場所はどこか探しておきましょう。その場所への行き方を考えましょう。日常使うものをまとめてバッグにいれておきましょう（次のページのチェックリストを参考にしてください）。それを、手の届く所に隠しておきましょう。
- セイフティプランを常に復習しておきましょう。

加害者と別れようとする場合……
- 家の中にいては身に危険が迫りそうなときに行ける避難場所を、4カ所考えておきましょう。
- 関係を終わらせようとするときに手助けしてくれそうな人、バッグを置かせてくれる人、お金を貸してくれそうな人、そばにいてくれそうな人はだれか、考えておきましょう。
- 公衆電話を利用できるように小銭を用意しておいたり、携帯電話を持ったりしましょう。
- どのようにして関係を終わらせるか考えましょう。身の安全を確保した上で別れられるように予行演習をしましょう。
- 相手との間に子どもがいる場合は、どうすれば安全に子どもを連れて行けるか考えましょう。子どもをいっしょに連れて行くことで、逆にあなたや子どもに危険が迫ってしまうこともあります。子どもの安全を守るためにはまず、自分の身の安全を守る必要があります。

- 関係を終わらせようとするときに持って行く必要のある物は何か考えましょう：

できれば持って行くとよい物
- 運転免許証
- お金
- 車や家や職場の鍵
- 社会福祉関係の書類や身分証明書
- 着替えの服
- 医薬品
- あなたと子どもに関した重要書類
    - 出生証明書
    - 健康保険証
    - 学校の記録や健康診断書
    - 保険の書類
    - 預金通帳やクレジットカード
    - アドレス帳
    - パスポート、外国人登録証、労働許可証
    - 車の登録証

その他の物
- 賃貸契約書
- 家のローンの支払い書や未払いの請求書
- 保護命令の書類、離婚関係の書類、親権に関する書類
- 写真、貴金属、思い出の品など
- 子どもの物（おもちゃや毛布など）

関係を終わらせている場合……

- 自分の身の安全についてまだ考えておく必要があります。
- 携帯電話を持ち歩き、非常時に警察などにすぐ連絡できるように電話番号を登録しておきましょう。
- 裁判所から保護命令を出してもらいましょう。保護命令の書類を常に携帯しましょう。コピーをとって、警察や子どもの面倒を見てくれている人、学校や職場の上司に渡しておきましょう。
- 鍵を換えておきましょう。強度の高いドアに取り替えたり、火災アラームを設置したり、防犯設備や外灯をつけたりすることを考えましょう。
- 加害者とは関係を終わらせたことを友だちや近所の人たちに伝えておきましょう。家の近くで加害者を見かけたら、警察に通報するよう頼んでおきましょう。
- 子どもの面倒を見てくれている人に、迎えに来る人を特定してその名前を伝えておきましょう。子どもを守る保護命令が出ている場合は、先生やベビーシッターに書類をコピーして渡しておきましょう。
- 職場や学校のだれかに、デートＤＶがおきていたことを話しておきましょう。そして電話がかかってきたときはだれからか、随時チェックしてもらいましょう。保護命令が学校や仕事先も含めた場所を含んでいる場合、校長先生や上司に保護命令の書類のコピーと加害者の写真を渡しておきましょう。学校や職場を念頭においたセイフティプランを立てて予行演習しておきましょう。学校や職場の行き帰りのセイフティプランも立てておきましょう。
- 加害者と交際していたときによく行った場所や店には行かないようにしましょう。
- 落ち込んだりさびしくなったりしたときに連絡できる人はだれか考えておきましょう。サポートグループなどに通うことも考えてみましょう。
- 加害者と話さなければならない場合は安全な方法を考えましょう。

- 安全プランを常に復習しておきましょう。

注意：
　デートＤＶの加害者は、被害者の人生や生活をコントロールしようとします。被害者が関係を終わらせようとするときは、コントロールができなくなってしまったと感じるので、加害者の行動がひどくなることがよくあります。関係を終わらせようとするときや別れたあとは、特に細心の注意を払ってください。

セイフティプラン・ワークシート

身の安全を守れるように次のことをしよう：

＊必要な電話番号と、携帯電話や公衆電話用の小銭をいつも持ち歩くこと
　　　警察＿＿＿＿＿＿＿＿＿＿＿＿＿＿＿＿＿＿＿＿＿＿＿
　　　電話相談室＿＿＿＿＿＿＿＿＿＿＿＿＿＿＿＿＿＿＿
　　　友人＿＿＿＿＿＿＿＿＿＿＿＿＿＿＿＿＿＿＿＿＿＿＿
　　　家族＿＿＿＿＿＿＿＿＿＿＿＿＿＿＿＿＿＿＿＿＿＿＿

＊デートDVがおきていることを＿＿＿＿＿＿＿と＿＿＿＿＿＿＿に話して、私に危険が迫っているような様子を見たり聞いたりしたときは、警察に通報するように頼むこと

＊学校や職場では、＿＿＿＿＿＿＿と＿＿＿＿＿＿＿に、身を守るために助けを求めるかもしれないと、前もって伝えておくこと

＊逃げる必要があるときは、以下の場所に行くこと（身の安全を守るために行けそうな場所4カ所を書いておく）
＿＿＿＿＿＿＿＿＿＿＿＿＿　＿＿＿＿＿＿＿＿＿＿＿＿＿
＿＿＿＿＿＿＿＿＿＿＿＿＿　＿＿＿＿＿＿＿＿＿＿＿＿＿

＊緊急事態になったときに取りに行けるように、お金と車の鍵と＿＿＿＿＿＿＿を＿＿＿＿＿＿＿に預けておくこと

関係を終わらせたあと、身の安全を守れるように次のことをしよう：

＊学校／職場／その他の場所の＿＿＿＿＿＿＿＿＿と＿＿＿＿＿＿＿＿＿にデートＤＶがおきていたことを話して、加害者が来たり電話をかけてきたりしたときに対処してくれるよう頼んでおくこと

＊近所の＿＿＿＿＿＿＿＿＿と＿＿＿＿＿＿＿＿＿に、うろついたり私をつけまわしたりしている人がいたら知らせてくれるよう、前もって伝えておくこと

＊保護命令を裁判所に出してもらってその書類を常に携帯し、コピーをとって＿＿＿＿＿＿＿＿＿に渡しておくこと

＊恐怖を感じたり、元恋人が私と接触しようとするのではないかと心配になったり、元恋人との連絡を断ったままでいることに自信をなくしたりしたときは、サポートしてもらいたいことを＿＿＿＿＿＿＿＿＿と＿＿＿＿＿＿＿＿＿と＿＿＿＿＿＿＿＿＿に話しておくこと

＊身に危険が迫ったとき、＿＿＿＿＿＿＿＿＿か＿＿＿＿＿＿＿＿＿の家に泊めてもらうこと

＊気分が落ち込んだときは、＿＿＿＿＿＿＿＿＿や＿＿＿＿＿＿＿＿＿に電話をしてサポートを得ること。あるいは被害者支援の講座やサポートグループに通って、他の人たちとの絆を深めること

おわりに

著者　バリー・レビィから

　10代の若者が、暴力のない交際ができるよう、熱心にサポートしているさまざまな年齢層の方たちのおかげで、この本を書くことができました。みなさん、ありがとうございました。アバロン出版社とシール出版社のデニス・シルバさんといっしょに仕事をさせていただけたことをとてもうれしく思います。素晴らしいリサーチ能力と編集者としてのスキルに感謝します。デニスさん、ありがとうございました。フェイス・コンロンさんにも特に感謝しています。女性や女の子たちに、本を通して学んでもらうことでDVを防止したいという、シール出版社でのフェイスさんのリーダーシップが、私がこの本やその他の本を書くきっかけとなりました。

　デンバー市のProject PAVEのリンダ・フィッシャーさんやそのほかのみなさんは、若い男性たちに、デートDVの加害者としての体験を話してくれるように働きかけてくださいました。ロサンゼルス市のBusiness Industry Schoolのルース・ベーグルホールさんは、生徒たちにも関わってもらいながらこの本の原稿を読んで、批評も含めて貴重なご意見を聞かせてくださいました。リンダさんとルースさんの、若者たちを想う情熱とひたむきさに励まされました。

　ほかの女の子たちや親たちが、自分と同じようにデートDVで苦しまなくてすむようにと、たくさんの女の子たちや保護者の方々が、悪夢のような経験を何時間もかけて思い出して話してくださいました。"Dating Violence: Young Women in Danger"という本に体験談を寄せてくれた

女の子たちやソーシャルワーカーのみなさんが、デートDVの現実について若い女性や男性に学んでもらおうと、再び寄稿してくださいました。

"What the Parents Need to Know about Dating Violence"を共に執筆したパティ・ギガンズさんからは、保護者へ向けた章を書く際に、深い専門的知識と幅広いご意見をいただきました。

シーラ・クィールさんからは法律に関する情報をいただきました。ジニー・ナイカーシーさんには、依存的な愛についての章に資料を提供していただきました。どちらも"Dating Violence: Young Women in Danger"への寄稿をもとにしています。

私には素晴らしいチアリーダー的な存在がいます。娘のジョアナは、原稿を読んで意見を聞かせてくれたり提案してくれたりしました。そしてリンダ・ガーネッツさんは意見交換をしたり応援してくれたり、インスピレーションを与えてくれたりしました。2人に心から感謝します。

訳者　山口のり子（アウェア代表）から

　この本を翻訳する過程で、デートＤＶの被害者と加害者、そしてその家族などと長年接して支援してきたバリー・レビィさんから、多くのことを学ばせていただきました。

　デートＤＶは、被害者に甚大な被害を及ぼす深刻な社会問題です。デートＤＶは交際しているふたりだけの問題ではなく、社会の問題であり、教育の問題です。社会全体で未然防止に取り組まなければなりません。

　アウェアは2003年から防止教育に取り組んでいます。2006年からは、デートＤＶ防止プログラム・ファシリテーター（アウェア認定の実施者）を養成するため、40時間の講座を年２回、東京と関西などで開催しています。現在、アウェアが認定したデートＤＶ防止プログラム・ファシリテーターは全国に200名以上いて、各地の高校などでプログラムを実施しています。

　今後とも「アウェア」は、みなさんとともに、子どもたちがデートＤＶやＤＶの加害者にならない、被害者にならない社会を作るために活動していきたいと願っています。

著者紹介

バリー・レビィ

　社会福祉修士号を持ち、UCLA（カリフォルニア州立大学ロサンゼルス校）の2つの学部（社会福祉部と女性学部）に所属している。Westside Domestic Violence Network のコンサルタントとして、またカウンセラーとしても活動している。DVとデートDV及び性暴力問題の指導者として全米に知られている。テレビ出演も多い。"Skills for Violence-Free Relationships"（高校生向けのカリキュラム）や"Dating Violence: Young Women in Danger"や"What Parents Need to Know about Dating Violence"など、多くの本や記事を執筆している。この分野での経験は30年におよび、その間4つのDVに関する団体を設立して運営した経験を持つ。

訳者

山口のり子

　アウェア代表。海外生活が長く、シンガポールでは女性支援の仕事を通じてDVやセクシャル・ハラスメント被害者支援、及び裁判支援に関わる。米国ロサンゼルスでは、DV加害者プログラムのファシリテーター向けトレーニングを受ける。帰国後2002年に「アウェア」を開設し、DV加害者プログラムを始める。2003年にデートDV防止教育を始める。著書には『愛する、愛される──デートDVをなくす・若者のためのレッスン7』、『デートDV──防止プログラム実施者向けワークブック』、『DV あなた自身を抱きしめて──アメリカの被害者・加害者プログラム』（梨の木舎）『DV・虐待加害者の実体を知る　あなた自身の人生を取戻すためのガイド』（明石書店）などがある。
　アウェア：〒101-0064
　　　　　　東京都千代田区猿楽町2-8-10　高田ビル401
　　　　　　Tel: 03-3292-5508　　Fax: 03-3292-7550
　　　　　　http://www.aware.cn　info@aware.cn

小野りか

　1994年渡英。ロンドン大学キングスカレッジで哲学学士号、同大学東洋アフリカ学院で日本研究修士号を取得する。アウェアに出会ってからDVに関する書物の翻訳活動を開始する。現在英国に在住し、翻訳・通訳活動を通して、DVに関する情報を日本へ橋渡しする役を続けている。

恋するまえに
デートDVしない・されない 10代のためのガイドブック

2009年6月15日発行

著者	バリー・レビィ
訳者	山口のり子・小野りか
発行	梨の木舎

〒101-0051
東京都千代田区神田神保町1-42
Tel: 03-3291-8229　　Fax: 03-3291-8090
nashinoki-sha@jca.apc.org　　http://www.jca.apc.org/nashinoki-sha/

カバー絵・本文イラストレーション	たかくあけみ
ブックデザイン	宮部浩司
印刷・製本	厚徳社

IN LOVE AND IN DANGER by Barrie Levy
Copyright©1993, 1997, 2006 By Barrie Levy
First published in the United States by Seal Press,
a member of Perseus Books Group
Japanese translation rights arranged with
Perseus Books, Inc., Cambridge, Massachusetts
through Tuttle-Mori Agency, Inc., Tokyo